2024年北京经济管理职业学院优质教材遴选培育与建设
新编21世纪高等职业教育精品教材·旅游大类

餐饮服务与管理

主　编　蔡洪胜
副主编　陈　纯　王光健　邓　英
主　审　熊久香　王若军

中国人民大学出版社
·北京·

图书在版编目（CIP）数据

餐饮服务与管理 / 蔡洪胜主编．-- 北京 : 中国人民大学出版社，2025．8．--（新编 21 世纪高等职业教育精品教材）．-- ISBN 978-7-300-33508-7

Ⅰ．F719.3

中国国家版本馆 CIP 数据核字第 2025H6W818 号

2024 年北京经济管理职业学院优质教材遴选培育与建设

新编 21 世纪高等职业教育精品教材·旅游大类

餐饮服务与管理

主　编　蔡洪胜

副主编　陈　纯　王光健　邓　英

主　审　熊久香　王若军

Canyin Fuwu yu Guanli

出版发行	中国人民大学出版社		
社　　址	北京中关村大街 31 号	**邮政编码**	100080
电　　话	010－62511242（总编室）		010－62511770（质管部）
	010－82501766（邮购部）		010－62514148（门市部）
	010－62511173（发行公司）		010－62515275（盗版举报）
网　　址	http://www.crup.com.cn		
经　　销	新华书店		
印　　刷	北京昌联印刷有限公司		
开　　本	787 mm×1092 mm　1/16	**版　　次**	2025 年 8 月第 1 版
印　　张	13.25	**印　　次**	2025 年 8 月第 1 次印刷
字　　数	250 000	**定　　价**	42.00 元

前言

中国已经成为世界旅游强国，旅游酒店业势必成为支柱型产业，对专业人才的需求与日俱增。餐饮服务与管理教材，不仅要兼具理论性和科学性，更要注重实践应用，体现实用性、可操作性及创新性，既让学生扎实掌握餐饮服务与管理基础知识，又能在技术和理念上契合现代酒店管理实践运作。在旅游酒店教育中，要致力于实现人才培养模式多样化，注重加强素质技能教育，培养学生的餐饮服务与管理能力，鼓励学生全面发展，使学生不断提高业务水平和对旅游酒店工作的适应性，成为合格的旅游酒店业从业者。

本教材以通俗易懂的语言、真实生动的案例、丰富翔实的数据资料，全面系统地介绍了餐饮服务与管理的运营机制及组织结构、餐饮主要部门的具体工作流程、酒店员工岗前培训、酒店餐饮服务与管理的理念与技能等内容。全书采取新颖的版式设计，设置知识目标、技能要求、引导案例、小贴士、复习思考题和案例分析等栏目。

本教材的编写遵循“加强职业教育、突出实践能力培养”的教育教学改革要求，融入旅游酒店业新态势、新信息、新技术、新理念，以满足新时期旅游酒店业对于从业人员的高素质、复合型能力要求。本教材具有以下特点：

第一，系统性与前瞻性。本教材在系统介绍餐饮服务与管理理论知识的基础上，增加了对旅游酒店餐饮发展前沿问题的探索，补充了常被同类教材忽视但实用的知识，如餐厅设计与布局等。

第二，可读性与实用性。本教材框架合理，内容实用，教学资源丰富，案例、微课视频等有利于激发读者的学习兴趣，扩充知识面。

第三，创新性。本教材吸纳国内外关于旅游酒店餐饮服务与管理的最新理论，结合行业前沿技术，详尽阐述了旅游酒店业的创新变革，包括餐饮业态创新、餐饮产品创新、组织结构创新、餐饮管理机制创新以及未来餐饮经营管理趋势等。

本教材既可作为高职高专旅游酒店相关专业学生的必修教材，又可作为酒店从业人员的培训用书，同时可供部分酒店管理者作为参考用书，对于专业教学、业务培训及从业人员备考各类专业资格证书均有重要作用。

本教材由蔡洪胜任主编并负责统稿，熊久香、王若军主审，陈纯、王光健、邓英任副主编。具体分工为：蔡洪胜编写项目一至项目四，张京朋、滕飞编写项目五，王光健编写项目六，郝志勇、梁苏莹、方堃编写项目七，李风清编写项目八，陈纯制作视频资料，宿亚琳编写实训任务书。本书在编写过程中，得到了中国旅游饭店业协会、中国烹饪协会、世界中餐业联合会、北京长富宫饭店、诺金酒店、北京望京凯悦酒店、民族饭店、友谊宾馆、中国大饭店等众多机构工作人员的协助，获取了大量实训资料。编者亦参考诸多专家学者的成果，同时借鉴部分微信公众号、自媒体作者的内容，在此谨向他们表示深深的谢意！

编者

2025 年 5 月

目录

项目一 初识餐饮管理

知识目标

1. 掌握餐饮服务产品的构成及特点；
2. 了解餐饮部在旅游酒店中的地位；
3. 了解餐饮部的组织机构与主要岗位职责。

技能要求

1. 具备餐饮部门各相关业务部门日常运作管理的能力；
2. 取得餐饮从业人员资格证书。

引导案例

冯先生邀请几位朋友到上海某宾馆的中餐厅包间用餐，包间内共有两桌客人。进餐过程中，服务员的服务十分周到，冯先生等人感到非常满意。一会儿，旁边那桌客人开始退席，只见服务员热情地帮他们拉开座椅，取衣帽，并将客人送至休息室休息。

看到这种情景，冯先生与同桌的朋友小声交谈了几句后，便继续用餐。趁服务员为他们斟倒酒水的时候，冯先生向她打听，为什么另一桌客人可以到休息室休息。服务员微笑着告诉他，那是客人预订的，如果冯先生等人需要，也可以安排。

用餐结束后，服务员为冯先生结清了餐费，但送别时没有为他们拉开座椅、取衣帽，只是站在包间门口礼貌地向大家点头示意，口中说道："请您走好，欢迎再次光临。"

冯先生等人走到餐厅门口时，一位服务员微笑着道别。"我有一样东西忘在包间里了，请你让负责那个包间的服务员帮我找一下送过来。"冯先生对她说。

不一会儿，包间的服务员过来，告诉冯先生没有看到任何东西。

冯先生笑着对包间的服务员说："其实，我只是想和你开个善意的玩笑。对于你们的服务，我们感到很满意，只是觉得你们对待客人的态度有差别。我在餐桌台布下面留下了具体的意见，请参考。”说完后，冯先生等人便离开了餐厅。

回到包间，服务员掀开台布，发现有一张纸条，上面写着：“服务员小姐，您的服务总体是好的。但您告诉我休息室需要预订，在餐后并没有主动询问我们是否需要。而拉开座椅、帮助客人取衣帽也需要预订吗？对客人应一视同仁。”

【评析】

本案例通过服务员在客人用餐结束后的一个微小的服务差异，说明餐饮服务中送客程序的重要性。有些客人用完餐后，并不需要服务员为其拉开座椅或取衣帽，但作为送客环节的礼貌服务程序，这是不可缺少的项目。服务员在送客服务中，应处处小心、时时谨慎，善于发现客人在礼节方面的需要。如果案例中的服务员在客人问她餐后到休息室休息的问题时，能够引起重视，主动询问客人有没有这种需要，并在餐后主动为客人拉开座椅、取衣帽，就不会使客人产生礼待不同的感觉。

任务一　餐饮服务产品的概念与特点

一、餐饮服务产品的概念

餐饮产品

餐饮服务产品是餐饮部门提供的满足宾客需要的物质产品和服务的总和。从宾客的角度来说，就是一次就餐体验。餐饮服务作为旅游酒店服务的重要组成部分，在旅游酒店的营销组合中扮演着越来越重要的角色。餐饮服务产品既有旅游产品的共性，也有其自身的特点，这就决定了餐饮管理的独特性和复杂性。

二、餐饮服务产品的特点

（一）服务是餐饮服务产品的主体

在餐饮服务产品中，物质产品是不可缺少的，但更重要的是服务。客人到餐厅消费，是为了满足就餐的需要，既要消费物质产品，又要消费服务。

从产品销售的角度来看，物质产品的销售或购买都伴随着服务的销售或购买；而服务的销售或购买也伴随着物质产品的销售或购买。根据服务与物质产品在整体产品销售过程中地位、重要性的不同，可以把销售中服务与物质产品的情况分为两种类型：

（1）助销服务，借助服务以销售物质产品。

（2）助销产品，凭借物质产品以销售服务。物质产品起着促进某种服务、技术或技艺销售的作用。

按照这种分类方法，餐饮服务产品属于第二种情况，产品中的物质产品是助销产品，主体是服务。从根本上说，餐饮服务产品是一种服务产品。与普通社会商品相比，服务在餐饮服务产品中居于主体地位。

案例

上海某大饭店的餐厅内来了两位中年客人。服务员引导他们入座后，便开始请他们点菜。两位客人点了几个普通菜品和几瓶啤酒。酒、菜上桌后，他们吃得很尽兴，不一会儿，酒、菜快见底了，服务员上前询问他们还需要些什么。

一位客人问还有什么好酒好菜。服务员心想，刚才点菜他们没有点高档的酒和菜，现在可能只是随口问问，于是漫不经心地回答："好酒、好菜有的是，就是价格太贵了。"两人一听，脸上顿时露出愠色，一位客人从随身带的皮包里拿出厚厚一叠百元钞票。

服务员见此情景，不禁一愣，连忙赔笑说："先生，我不是这个意思，我是看您二位吃得差不多了，以为你们吃好了。真是对不起，我马上去拿菜单，请随意点。"在服务员的热情推荐下，客人又点了一道高档菜、两杯葡萄酒。服务员微笑着提醒他们，先品尝一下补点的酒和菜，有需要再继续加。

在服务员的耐心介绍和热情服务下，客人的不满逐渐消散。一位客人向她点点头说："如果你在我们一开始点菜时就这么服务，我们会更高兴。"

【评析】

在餐饮推销服务中，服务员要善于洞察客人的消费需要和消费心理，不能只从表面现象来分析客人的消费能力，更不能讲一些有伤客人自尊心的话。本案例中的服务员只是从客人用餐标准一般、用餐快要结束等表面现象来判断客人的需求，虽然是无意中说出"价格太贵"的话，却还是得罪了客人。

此外，在餐饮推销服务中要有强烈的推销意识和高超的服务技巧。本案例中的服务员在客人刚开始点菜时，没有积极推荐和介绍高档的酒和菜，失去了一次推销机会。当客人想要点高档的酒和菜时，又错误地认为他们在开玩笑，又失去了一次推销机会。服务员应该懂得，只要餐饮活动还没有结束，就存在推销服务的机会，在任何时候都不应放弃推销。

当然，服务员从客人的角度考虑，替他们节省费用是件好事，但要对消费对象判断准确，并用巧妙的语言探寻客人意向。如善意地向客人介绍菜肴的价格、酒水的容量，根据客人需求协助其选择。

（二）餐饮服务产品的无形性

虽然餐饮服务产品具有一定的实物形态，但由于服务是主体，因此仍具有无形性的特点。餐饮服务产品缺乏详细的数值标准，生产过程无法据此进行控制，造成餐饮生产过程中产品质量把控困难。由于产品的无形性特点，消费者无法对其进行检验和试用，只能根据服务人员的介绍去想象餐饮服务产品，给产品销售带来阻碍。

餐饮部门应尽量有效地向客人展示服务项目和内容，说明这项服务能给客人带来何种便利和利益，即客人从中可以得到哪些乐趣和享受，这比强调服务如何高级、食品如何丰盛更能吸引客人。由于产品的无形性，客人也会根据餐厅的社会形象、声誉等因素来判断餐饮服务产品的质量。

（三）餐饮服务产品生产与销售的同一性和同时性

餐饮服务产品的生产过程和销售过程几乎是同时发生的，即当场生产当场销售，客人与生产者直接接触，不经过其他中间环节。餐饮部门的产品只能等到客人到来后才能进行生产与销售，无法进行异地生产与销售。这一特点对生产过程影响很大。餐饮服务产品现点、现做、现消费，生产时间短，为了避免客人久等，生产过程必须控制在合理时间内。餐饮部门必须备有充足的原料，且有经验丰富的生产人员，才能满足客人的需要。

此外，餐饮部门所销售的菜品，是客人到来后根据其点菜要求生产出来的，属于个别订制生产，与工业品的大批量生产有很大的区别，较难达到质量的统一与稳定，也难以大幅度地提高生产效率。生产量的预测也比较困难，因为每一个营业日来多少客人、消费多少菜品很难预测，难以制订切合实际的生产计划。

（四）餐饮服务产品的不可贮存性

餐饮服务产品的一次性特点，意味着其不能被贮存以应付将来之需。虽然餐饮企业的仓库可以贮存食品原料、饮料，时间长达数月甚至一年以上，但厨房一般只能生产当天的菜品（即使厨房生产的菜品可以冷藏贮存，其品质也会随着时间的推移迅速降低），服务人员所耗费的时间也不能从第二天的工作中弥补回来。

餐饮部门无法在淡季生产并贮存产品，等到旺季再拿出来销售。也就是说，餐饮企业的生产能力是相对固定的，没有多大的潜力可挖。而客人的需求量却在不断变化，造成了餐饮部门应对需求量波动时面临困难。餐饮服务产品的不可贮存性特点要求餐饮部门管理者必须采取有效措施来适应市场变化，尽量降低因需求量变化给餐饮部门带来的压力和损失。

（五）餐饮服务产品的复杂性

餐饮服务产品既包含食品、饮料等物质产品，也涵盖无形的服务，具有一定的复杂性。餐饮部门的生产与服务，要求从业者必须通晓烹饪技术，掌握与食品、饮料及其服务有关的其他学科知识，如心理学、营养学等。可以说，餐饮服务是餐饮部门各类服务活动中涉及学科知识、专业技艺较多的一项业务活动。

任务二　餐饮服务在旅游酒店中的地位及作用

旅游酒店的产品构成中，餐饮服务是极为重要且关键的一环。在住宿和餐饮这两项服务中，由于餐饮服务成本高、利润低、管理难度大，因此旅游酒店历来比较重视客房服务的经营管理，而餐饮服务多处于次要位置。

然而，随着社会经济的发展，旅游者对饮食的要求越来越高，促使旅游酒店的餐饮服务水平不断提高。同时，酒店间的竞争也日趋激烈，越来越多的酒店利用自身在餐饮方面的特色来吸引客人。竞争促进了餐饮业务的发展，也提高了餐饮服务在酒店中的地位。

一、餐饮服务是旅游酒店服务的必要组成部分

餐饮服务

饮食是人类维持生命的第一需要，旅游酒店作为旅游者旅行过程中的生活场所，餐饮服务不可或缺。从我国古代的驿站、迎宾馆、民间旅店、城市客店开始，住宿和饮食就是必不可少的服务项目。国外也是如此，英国早期的习惯法规定，旅馆必须承担为住店旅客提供住宿、饮食和安全的义务。由此可见，餐饮服务对于旅游酒店来说不是可有可无的，而是必不可少的组成部分。

现代旅游酒店已发展成综合性服务设施，这种情形还有加强的趋势。根据我国旅游酒店星级评定标准，档次越高的酒店，服务项目要求越多，这反映了旅游管理部门对于酒店业的理解和要求，实际上也是旅游者的要求和酒店业发展的需要。

作为旅游者居住的综合性服务场所，没有餐饮服务的旅游酒店存在重大缺陷。尤其在当前，我国相当一部分住店客人要在所住酒店的餐厅就餐，如果酒店没有与客人消费水平相适应的餐饮服务部门，既影响客人的旅游体验，也影响酒店的经营与生存。所以，餐饮服务是旅游酒店服务的必要组成部分，餐饮部是酒店不可缺少的业务部门。甚至可以说，没有餐饮服务的酒店，算不上真正意义的旅游酒店。

二、餐饮服务是旅游酒店营业收入的主要来源

餐饮是旅游酒店的主要业务活动，餐饮部门的收入在酒店各部门中仅次于客房部门，位居第二。我国旅游酒店餐饮部门的营业收入，约占酒店收入的1/3。受诸

多主客观条件的影响，如酒店的位置、装潢、设施设备、管理者的经营思想、经营传统、厨师力量等，不同酒店餐饮部门的收入在酒店总收入中所占的比例会有比较大的差异。餐饮经营出色的酒店，收入甚至可能超过客房收入。部分类型的酒店受特殊条件影响，餐饮收入占比也比较高。如美国的汽车旅馆业，其餐饮收入可占到总收入的近一半。

餐饮收入的高低也受客源结构的影响。旅游团队增多时，酒店餐饮收入较高，而散客比例上升时，餐饮收入多呈下降态势。因为团队客人的餐饮消费可由旅行社安排在酒店内，是比较容易控制的因素。而散客可以自由地选择就餐场所，酒店难以控制其行为，只能用优质服务和特色菜品来吸引客人增加消费。

三、餐饮服务是旅游酒店服务水平的客观标志，是吸引客人的重要因素

相对于客房服务，餐饮服务有灵活性、多变性、复杂性等特点。餐饮服务的水平客观地反映了旅游酒店的服务水平，直接影响酒店的声誉和竞争力。

餐饮服务水平由两部分构成：一是菜品的生产水平，即厨房的烹调技术；二是餐厅服务水平。餐厅服务水平既包括服务人员的服务态度和服务技术水平，也包括餐厅的装饰布局、风格情调、音响效果、色彩搭配、餐具品质等方面。

餐饮服务水平既取决于酒店的经营管理水平，又能直观展现酒店整体服务水平。卓越的餐饮经营，必然会对酒店产品的销售产生积极影响。全球有众多因餐饮服务水平出色而获得成功并经久不衰的酒店。当然，因餐饮服务设施和服务不良而致酒店经营失败的例子也比比皆是。

此外，餐饮部门又是平衡酒店经营中季节性差异的部门。旅游酒店经营中的季节性变化比较大，在旅游旺季，酒店往往超负荷运转；在旅游淡季，酒店则相对比较冷清，设施设备的能力不能被充分利用。旅游酒店可以通过做好餐饮服务来提高淡季的营业水平。餐饮服务的对象既可以是外地旅游者，也可以是当地居民。餐饮部门能够借助有效的促销活动，如通过文艺表演、娱乐活动或节假日的价格折扣等形式，吸引更多的当地客人，增加餐饮收入，平衡酒店经营的季节性差异，提高酒店设施设备的利用率和服务人员的劳动效率。

四、餐饮服务是创立旅游酒店品牌的重要依据

随着旅游管理的规范化，我国和世界上大多数国家都实行了酒店分级管理制度，对酒店的建筑、装潢、设施设备水平、服务项目等都作了明确的规定。同一等级的酒店，要按管理部门的统一规定进行建造、装修和运营。在酒店产品中，客房一般很难做出特点，很少有人评价说某个酒店的客房有什么特点。而餐饮服务具有充分的灵活性来体现酒店的个性。许多酒店都是靠餐饮创出酒店品牌，从而树立独

特的形象。

我国饮食文化内容和形式丰富多样，各地区都有不同的特色和传统。酒店餐饮部门可以充分挖掘我国饮食文化的内涵，利用不同地区的饮食传统与特色，提供有本酒店特色的餐饮服务。这既弘扬了祖国传统文化，又能树立酒店形象，提高酒店知名度和竞争力。

任务三 餐饮部组织机构设置与主要岗位职责

餐饮部是一个职能部门，是酒店生产和销售饮食产品并为宾客提供相应服务的部门。

一、餐饮部的任务与经营特点

（一）餐饮部的任务

酒店餐饮部主要承担着向客人提供优质菜肴、饮料、点心及服务的重任，通过满足客人需求为酒店创造更多的营业收入。

具体来说，餐饮部的任务包括以下几方面：

（1）加强食品、酒水等原料的采购、贮藏、发放管理，保证生产活动的需要。

（2）提供能满足客人需求的优质餐饮产品。

（3）提供恰到好处的优质服务。餐厅是餐饮产品的销售场所，产品销售的关键在于服务。优质的服务包括：掌握好服务时间，在客人需要时及时提供服务；针对不同的客人，提供个性化服务；洞察客人心理，提供恰到好处的服务。

（4）广泛拓展客源，扩大产品销售，增加营业收入，提高创利水平。增加餐饮收入与利润是餐饮部的主要目标，餐饮部应依据酒店所在地的市场变化及酒店自身情况，确定经营范围、服务项目和产品种类。

（5）助力酒店树立高品质形象。餐饮部与客人接触广泛且直接，面对面服务时间长，直接影响客人对酒店的评价。

（二）餐饮部的经营特点

餐饮经营的特点

1. 餐饮生产的特点

（1）个别订制生产。餐厅所售菜肴需客人逐一点订，然后由厨房进行烹制。

（2）生产时间短。从接到订单到菜品上桌，时间紧凑。

（3）生产数量难以预测。因客人点餐具有随机性，难以准确预估生产数量。

（4）产品易变质。食品原料多为生鲜食材，易变质，不易保存。

（5）口味难以有统一标准。受厨师个人厨艺、食材差异等影响，餐饮产品口味较难实现完全标准化。

（6）业务环节多，管理难度大。餐饮生产涉及原料采购、验收、贮存、发放、烹制等环节，业务环节多，管理难度也较大，任何一个环节出现问题，都会影响产品质量，增加成本，降低收益。

2. 餐饮销售的特点

（1）销售量受餐饮活动场所的限制。

（2）销售量受用餐时间的限制。客人一日三餐有时间规律，非用餐时段客流量明显减少。

（3）销售以现结为主，毛利率高，资金周转快。

（4）固定成本高，投资比重大。餐饮业需配备大量厨房设备、贮存设备和服务人员，固定成本及日常开销较高。

二、餐饮部组织机构设置

餐饮部的组织机构，因各酒店规模和餐饮部本身职能的不同而形式各异。目前我国旅游酒店餐饮部门，一般都以食品原料采供保管、厨房加工烹调、餐厅酒吧服务这三部分为基础设置组织机构。在内部岗位设置上，采用垂直领导、横向协调的方针，使餐饮部成为一个有机整体。

餐厅和酒吧是餐饮服务的前台部门。随着酒店业的发展，餐厅、酒吧的种类越来越多，而且酒店规模越大、档次越高，其餐厅、酒吧的数量越多。餐厅大多采用四级管理制，即经理、主管、领班、服务员。酒吧通常设酒吧经理或主管。

厨房是餐饮部的生产部门，为餐厅服务，与餐厅配套。一般的旅游酒店都有多个厨房，除了主厨房之外，各餐厅通常还有配套的专用厨房。各厨房的业务由厨师长负责，下设主厨、厨师领班、厨师及其他生产人员。

在现代酒店管理中，采供部归属财务部，并非餐饮部下属部门，这样更有利于成本控制。如果是独立的餐饮企业，情况可能不同。各酒店对于原料采购、保管机构的设置，差异较大。由于原料的采购、验收、贮存、发放等对餐饮服务产品的质量、成本有很大影响，在组织机构上需加以保障。一般小型酒店可由厨师长兼管采供工作；中型酒店多在餐饮部内设采供部；大型酒店通常由与餐饮部同级的采供部负责酒店物资原料的采购。

由于酒店规模各异，餐饮部组织机构的设置差别较大。大、中、小型酒店餐饮部组织机构设置示例，如图 1－1、图 1－2、图 1－3 所示。

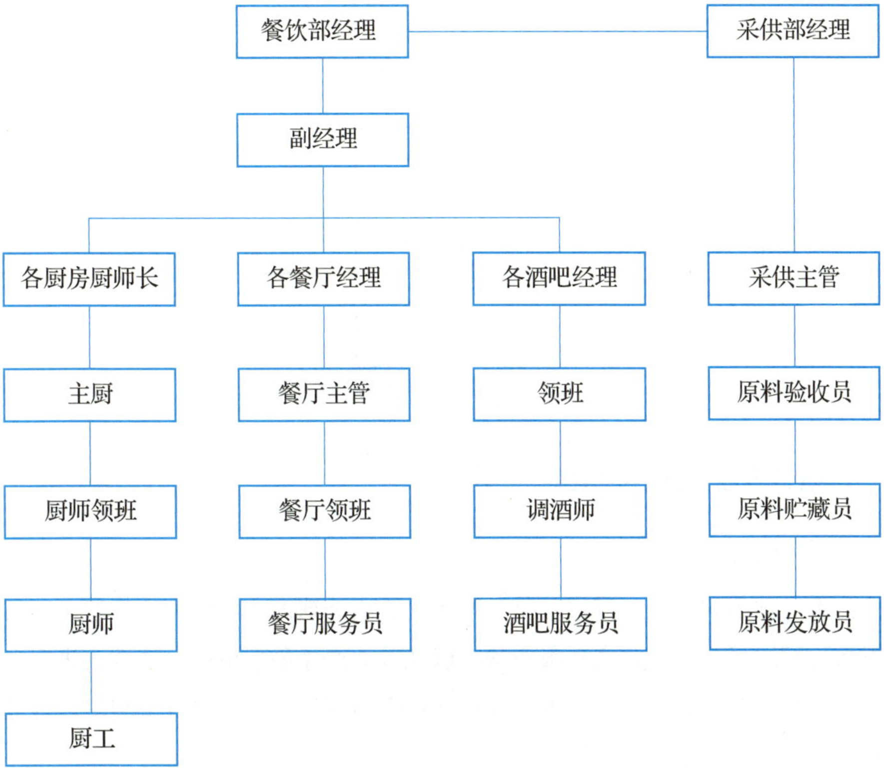

图 1－1　大型酒店餐饮部组织机构

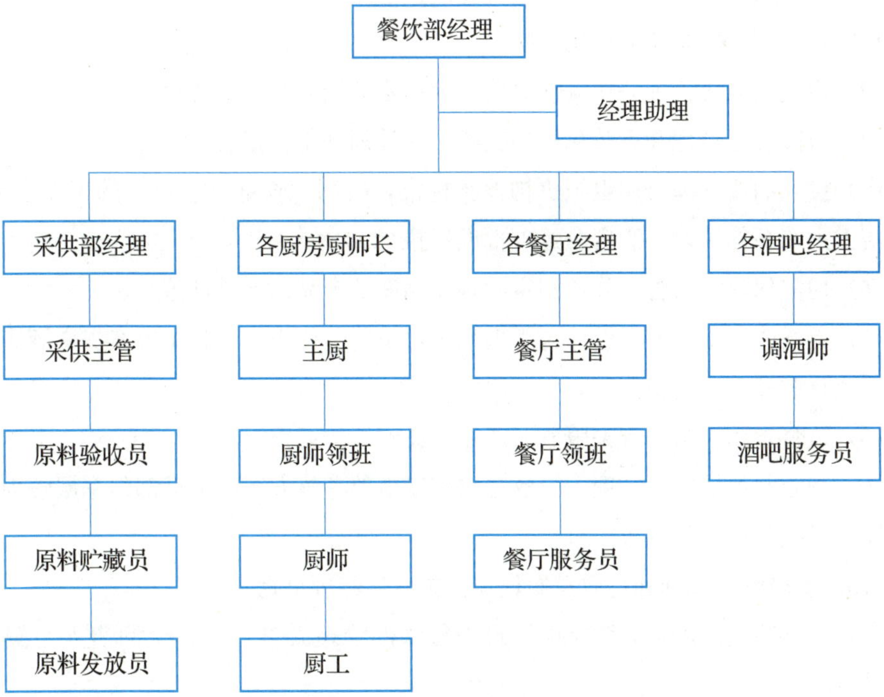

图 1－2　中型酒店餐饮部组织机构

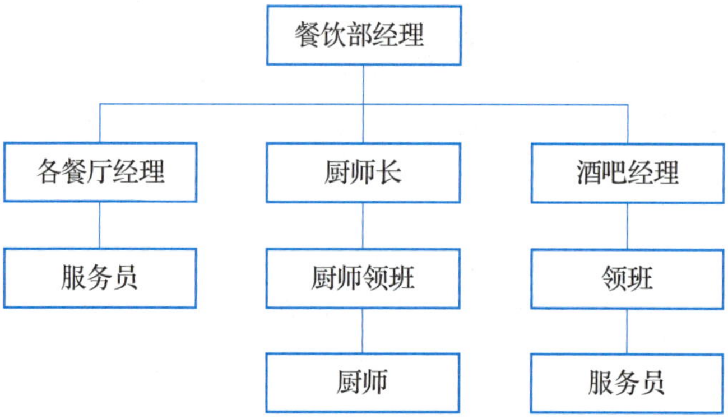

图 1－3　小型酒店餐饮部组织机构

三、餐饮部主要岗位职责

（一）餐饮总监

在驻店经理的领导下，餐饮总监全面负责酒店餐饮的经营管理工作，了解餐饮市场的现状与发展趋势，了解宾客服务状况以及餐饮产品创新情况；持续改进服务及操作程序，严格确保产品质量和卫生要求达标；合理管控成本，提升毛利率，提高宾客满意度，增加经济效益。

（1）制订酒店餐饮部年度、月度经营管理计划，并确保相关人员充分知晓。

（2）定期按要求向酒店管理公司餐饮总监递交餐饮部年度、月度工作计划，并遵从酒店管理公司餐饮总监的协调安排。

（3）定期向酒店管理公司餐饮总监递交指定的酒店餐饮各类报告。

（4）审阅餐厅经理和行政总厨递交的工作计划和工作报告。

（5）按照酒店管理公司组织机构设置标准，编制餐饮部所有员工的工作说明书，经酒店人力资源部协调、酒店总经理批准后执行。

（6）切实保障酒店管理公司制定的餐饮制度及产品标准贯彻落实。

（7）更新改良服务流程设计与管理系统，精简运作程序，相关方案提交酒店管理公司餐饮总监核准后实施。

（8）监督餐厅、厨房有关服务、产品、设施等的运作。

（9）制定并评估餐厅经理、行政总厨年度绩效考核方案，审批部门基层管理人员年度绩效考核的标准与方法。

（10）提名餐厅经理和行政总厨任免，报驻店经理审批。

（11）核准除餐厅经理和行政总厨外餐饮部管理人员任免，交酒店人力资源部存档。

（12）遵照集团人力资源政策和计划，落实餐饮部培训及人力资源开发计划。

（13）根据人均效率及实际需求，制定餐饮部各岗位人员分配指引，报驻店经理核准，同时提交酒店管理公司餐饮总监用于横向统计分析参考。

（14）与员工保持良好沟通，及时了解员工思想状态。

（15）掌握市场信息及竞争对手状况，做好市场定位，及时协同驻店经理及总经理做出决策。

（16）参加酒店会议，主持部门会议，落实酒店会议相关要求，了解部门工作进展，布置部门工作任务。

（17）督导加强防火防盗安全工作及食品卫生工作，严格把控食品和饮品的标准与规格，保障产品品质。

（18）分析餐饮市场发展态势，了解酒店菜肴情况，制订适合酒店市场的菜肴创新计划，并监督行政总厨落实。

（19）指导管理人员做好服务创新，保持较高服务水准。

（20）每日巡视餐厅、厨房及后台各区域，掌握服务及管理动态。

（21）每日查阅经营日报表，了解部门及各区域经营情况，把握经营趋势，及时处理问题。

（22）拜访酒店餐饮部重要客户，与客户保持良好沟通，洞察客户消费心理。

（23）统筹协调就餐环境及设施设备部署。

（24）控制原料成本，减少浪费，制定合理的定价策略，有效控制毛利率。

（二）餐饮总监助理岗位职责

（1）协助餐饮总监监管各餐厅、酒吧的日常运营，保障服务质量。

（2）编制餐饮部服务规范和工作程序，参与制订餐厅、酒吧工作计划和经营预算，督促员工认真执行。

（3）协助制订并监督实施餐饮部培训计划。

（4）负责对下属进行考核评估。

（5）协助餐饮总监制订和推行餐饮推销计划。

（6）与餐饮总监、行政总厨定期分析营业成本，采取措施加强成本管控。

（7）参加部门例会，提出工作建议，落实餐饮总监布置的相关工作并反馈结果。餐饮总监不在时，代行其职责。

（8）做好各餐厅、酒吧内部协调及与其他部门的沟通合作，尤其是协调好前台服务与厨房生产的关系，提高工作效率，减少差错。

（9）开餐期间，巡视各营业点运转情况，督导检查服务质量，广泛征集客人意见并落实改进。

（10）检查员工仪表仪容和规章制度执行情况。

（11）督导下属对所辖范围内的设施设备进行维护保养。

（三）行政总厨岗位职责

（1）根据餐饮部经营目标和生产任务，负责制订中西餐市场开发及发展计划。

（2）根据各餐厅预算和档次，会同餐厅经理确定零点、宴会、团队等餐饮毛利率标准，进行成本核算，报餐饮总监审批后，督导各厨房执行。

（3）主导菜单制定，根据市场需求变化，督导各厨房管理人员及时调整与更换菜单，并审核各厨房管理人员制定的菜单，确保与餐厅市场定位相符。

（4）签发原料申购单、领货单，督导各厨房每日做好鲜货原料质量把控，发现问题及时纠正。

（5）检查厨房物料损耗和使用情况，分析成本，做好成本及费用控制。

（6）每天巡查各厨房工作，督导员工规范操作，发现问题及时提出改进措施。

（7）协助餐饮总监策划、组织和落实重要接待活动（如宴会、重要宾客接待、美食节等），必要时亲自烹制主要菜品，保证产品质量，提高酒店声誉。

（8）及时收集客人反馈意见，掌握厨房菜点质量和销售情况。根据客人反馈和市场变化，推出特色菜品，打造品牌菜肴。

（9）组织厨师长开展业务研讨和对外交流，拟订培训计划，定期开展厨师技能培训，做好下属考核、评估工作。

（10）拟订各厨房人员编制，提出各厨房管理人选，组织制定厨房管理制度、工作程序，督导下属贯彻实施。

（四）餐饮部文员岗位职责

（1）熟练掌握并严格执行酒店的制度和操作规范。

（2）在餐饮总监的领导下，承担餐饮部文书工作。包括：收发、管理餐饮部信函、公文，整理、打印月度、年度计划和总结，建立、整理餐饮部文件档案。

（3）制定部门各类报表，分类保存并定期装订、存档。

（4）参加部门例会并做好会议记录。

（5）负责文件、报表的英文翻译，收集和购买相关资料。

（6）负责餐饮部人员考勤。

（7）负责餐饮部办公室办公用品的领用、保管和记录，控制办公费用，做好办公室卫生清洁工作。

（8）负责办公室日常接待，接听电话、接待来访并做好记录，妥善处理相关事务，准确传达上级指示。

（五）中餐厅经理岗位职责

（1）在餐饮总监助理的指导下，负责中餐厅的日常经营管理工作，带领员工积极完成各项接待任务和经营指标。

（2）制订中餐厅年度、月度经营管理计划，分析并汇报中餐厅年度、月度经营管理情况。

（3）参加餐饮总监（经理）主持的工作例会，提出合理化建议。

（4）主持召开中餐厅相关会议，掌握中餐厅预订和重要接待活动。

（5）巡视中餐厅营业和服务情况，检查领班工作和服务质量，抓好中餐厅设施设备保养和卫生、安全工作。

（6）把控中餐厅低值易耗品成本，加强成本核算与节能管理，降低费用，增加盈利。

（7）了解中餐厅厨房工作程序和相关知识。

（8）维护客户关系，积极征求客户意见和建议，处理客户投诉，完善客户接待档案。

（9）与厨师长密切联系，提供食品销售建议，反馈客户需求，为食品原料采购和菜品出品提供依据。

（10）做好中餐厅领班排班工作，监督领班制定排班表。

（11）协调与相关部门的工作，处理突发事件。

（12）审核中餐厅营业收入，把控结账环节，杜绝舞弊行为。

（13）带头执行酒店规章制度，做好员工考勤、绩效考核和评估工作。

（14）了解员工思想状况、工作表现和业务水平，组织培训，做好人才培养工作。

（六）中餐厅领班岗位职责

（1）在中餐厅经理的领导下，贯彻酒店经营方针和各项规章制度，负责班组日常管理和接待服务工作。

（2）根据中餐厅年度、月度计划，带领员工积极完成各项接待任务和经营指标，努力提高中餐厅销售收入，汇报每日经营接待情况。

（3）参加部门例会，提出合理化建议。

（4）了解每日接待、预订情况，召开班前例会，安排工作。

（5）及时检查物品及设施节能、卫生、服务质量状况，确保符合规范和标准，保障运营高效、安全、可靠。

（6）全面掌握本区域内客人用餐情况，及时征询客人意见、建议，解决问题，处理投诉。

（7）合理安排员工排班，保证各环节有序衔接，顺利完成接待工作。

（8）填写工作日志，做好中餐厅销售服务统计和客史档案建立工作。

（9）对本班组员工进行考勤和绩效评估，及时掌握员工思想状况、工作表现和业务水平。

（10）定期组织、实施相关培训活动，做好人才开发和培养工作。

（七）中餐厅迎宾员岗位职责

（1）服从领班安排，按照工作程序与标准做好服务工作。

（2）全面掌握预订信息，在开餐期间受理和安排客人预订，进行登记并通知服务人员。

（3）主动热情地迎送客人，适时向客人介绍中餐厅或酒店设施，回答客人询问，保持良好的服务形象。

（4）及时准确地为就餐客人选位、领位，安排客人就餐并递上菜单、酒水单。

（5）负责保管菜单和酒水单，发现破损及时更换。

（6）适时征询客人意见、建议，记录客人相关信息，完善客史档案，及时与服务人员沟通，提高客人满意度。

（7）调换并保管中餐厅布草，保证正常使用量，及时向领班报告短缺、损耗情况。

（8）班次结束后与下一班做好交接，营业结束后清洁所管辖区域卫生，做好收尾工作。

（八）中餐厅服务员岗位职责

（1）服从领班安排，与传菜员密切合作，按照工作程序与标准为客人提供点菜、上菜、酒水、结账等服务，保持良好的服务形象。

（2）认真开展餐前检查，按标准摆台，准备开餐的各类用品用具。负责区域设施设备清洁保养，营造优雅、清洁、安全的就餐环境。

（3）熟悉菜单和酒水单，巧妙推销，按要求填好客人的点菜单和酒水单。

（4）及时征询客人的意见和建议，协助客人解决就餐过程中的各类问题，必要时将客人意见记录在质量信息卡上反馈给领班。

（5）做好所负责区域餐具、布草、杂项等的补充和替换。

（6）班次结束后与下一班做好交接，营业结束后做好收尾工作，检查环境设施，杜绝能耗浪费。

（九）中餐厅传菜员岗位职责

（1）服从领班安排，按照工作程序与标准完成传菜和必要的送餐服务。

（2）做好餐前毛巾等物品准备，协助服务员布置餐厅、餐桌及补充各种物品。

（3）将值台服务员开出并经餐厅收银员盖章的菜单传送到厨房，做好厨房和餐厅的沟通工作。

（4）熟悉菜点，根据订单和划菜员的布置，将菜点准确传递到餐厅内相应台位并报菜名。

（5）及时检查所传递的菜点的质量及分量，对于不符合质量标准的菜点，及时送回厨房处理。

（十）中餐厅划菜员岗位职责

（1）服从领班安排，按照工作程序与标准做好划菜工作。

（2）熟悉菜点知识，了解当天的预订情况，及时与厨房联系，掌握当天缺菜和时菜情况并与服务人员沟通。

（3）备好厨房未备的各类调料和佐料，补充餐厅用酱醋。

（4）妥善准备并保管好餐厅所需的垫盘、公勺、汤勺、饭勺等用品及点心。

（5）根据服务员开具的点菜菜单，及时与厨房联系，按客人就餐情况安排传菜员。

（6）严格控制出菜质量，发现问题及时与厨房协调解决。

（7）营业结束后，整理好划菜台，做好所负责区域卫生，完成收尾工作。

（8）保管好划菜单，次日及时上交财务部。统计菜肴销售情况，并将数据及时反馈给领班。

（十一）中餐厅酒水员岗位职责

（1）服从领班安排，按工作程序和标准为餐厅服务人员提供客人所点酒水、饮料。

（2）负责酒水、饮料的领用和保管。每日开餐前领取当餐所需酒水、饮料，营业结束后进行清点和整理。

（3）熟悉各类酒水名称和特性，对提供的酒品进行初步质量检查。

（4）每天营业结束后，如实填写酒水销售盘点日报表，确保报表和酒水库存数量一致，销售数和账台所收金额相符。

（5）定期检查酒水、饮料保质期，临近到期要及时告知领班以便处理。

（6）负责所属区域的卫生工作。

（十二）西餐厅经理岗位职责

（1）制订西餐厅的年度、月度工作计划，带领员工积极完成各项接待任务和经营指标，努力提高西餐厅销售收入。

（2）参加餐饮总监（经理）主持的工作例会，提出合理化建议。

（3）主持召开西餐厅相关会议，掌握西餐厅预订和重要接待活动。

（4）制定西餐厅各项规章制度并督导实施。

（5）做好西餐厅领班排班工作，监督领班制定员工排班表，保障西餐厅对客服务正常运行。

（6）组织领班、员工完成每日接待工作，及时检查物品及设施节能状况、清洁卫生与服务质量，使其符合规定标准。

（7）参与迎送重要客人，主动征求客人意见，及时解决问题，处理客人投诉。

（8）熟悉西餐厅厨房的工作程序和相关知识。

（9）对员工进行考勤考核和绩效评估。

（10）协调与其他部门的工作衔接，确保客人享受到优质餐饮产品和服务。

（11）制订员工培训计划，开展业务培训，推进餐厅人才开发和培养工作。

（12）建立健全物资管理制度，对西餐厅设备、物资、用具实行严格管理，督促员工做好安全工作。

（13）审核西餐厅营业收入，做好结账管控，防范舞弊行为。

（十三）西餐厅领班岗位职责

（1）在西餐厅经理的领导下，贯彻酒店经营方针和各项规章制度，负责班组日常管理和接待服务工作。

（2）根据西餐厅年度、月度工作计划，带领员工积极完成接待任务和经营指标，努力提高西餐厅销售收入，汇报每日经营接待情况。

（3）参加部门例会，提出合理化建议。

（4）了解每日接待、预订情况，召开班前例会，安排工作。

（5）及时检查物品及设施节能、卫生、服务质量状况，确保符合规范和标准，保障运营高效、安全、可靠。

（6）全面掌握本区域内客人用餐情况，及时征询客人意见、建议，处理出现的问题和客人投诉。

（7）合理安排员工排班，保证各环节有序衔接，顺利完成接待工作。

（8）填写工作日志，做好西餐厅销售服务统计和客史档案建立工作。

（9）对本班组员工进行考勤和绩效评估，及时掌握员工思想状况、工作表现和业务水平。

（10）组织、实施相关培训活动，做好人才开发和培养工作。

（十四）西餐厅引领员岗位职责

（1）服从领班安排，按照工作程序与标准做好服务工作。

（2）全面了解预订信息和客房住宿情况，开餐期间受理并安排客人预订，进行登记并通知服务人员。

（3）主动热情地迎送客人，适时向客人介绍西餐厅或酒店设施，回答客人询问，保持良好的服务形象。

（4）及时准确地为就餐客人选位、领位，安排客人就餐并递上菜单、酒水单，处理没有餐位时的宾客关系。

（5）保管菜单和酒水单，发现破损及时更换。

（6）做好自助餐登记收费工作，收取自助餐券并及时交给西餐厅收银员。

（7）适时征询客人意见、建议，记录客人相关信息，完善客史档案，及时与服务人员沟通，提高客人满意度。

（8）调换并保管西餐厅布草，保证正常使用量，及时向领班报告短缺、损耗情况。

（9）班次结束后与下一班做好交接，营业结束后清洁所管辖区域卫生，做好收尾工作。

（十五）西餐厅服务员岗位职责

（1）服从领班安排，按照工作程序与标准，为客人提供点菜、上菜、酒水、结账等服务，保持良好的服务形象。

（2）认真做好餐前检查，按标准摆台，准备开餐用品用具。负责区域设施、设备的清洁保养，营造优雅、清洁、安全的就餐环境。

（3）熟悉菜单和酒水单，巧妙推销，按要求填好客人的点菜单和酒水单。

（4）熟悉各类菜肴与酒水、餐具的搭配，客人就餐过程中根据需要及时更换。

（5）及时征询客人的意见和建议，协助客人解决就餐过程中的各类问题，必要时将客人意见记录在质量信息卡上反馈给领班。

（6）补充替换区域餐具、布草、杂项。

（7）班次结束后与下一班做好交接，营业结束后做好收尾工作，检查环境设施，杜绝能耗浪费。

（十六）宴会厅经理岗位职责

（1）制订宴会部的市场推销计划，确保经营预算和目标实现。

（2）制定宴会部的各项规章制度并督导实施。

（3）负责大型宴会的洽谈、设计、组织与安排，参与大型活动的接待工作。

（4）负责与相关部门的协调工作，妥善处理各类突发事件。

（5）与厨师长保持良好合作关系，及时将客人对菜肴的建议和意见反馈至厨房。

（6）每日检查本区域卫生及设施设备状况，确保接待工作正常开展。

（7）把控宴会厅经营情况，在宴会举办期间，负责对整个宴会厅进行督导、巡查。

（8）督导员工正确使用宴会厅的各项设备和用品，做好清洁保养，控制餐具损耗。

（9）参加餐饮总监（经理）主持的工作例会，提出合理化建议。

（10）主持宴会部内部会议，分析宴会业务情况，积极开展各类宴会促销活动。

（11）负责对员工进行考勤、绩效考核和评估，组织开展培训活动。

（12）审核宴会厅营业收入，做好结账管控，防范舞弊行为。

（十七）宴会厅领班岗位职责

（1）负责所管辖宴会厅的日常管理和接待工作。

（2）参加部门例会，了解每日宴会厅预订情况并召开班前例会，布置班组每日具体工作。

（3）掌握所负责区域客人用餐及服务质量情况，及时征询客人意见、建议，处理出现的问题及客人投诉。

（4）每日检查所负责区域卫生及设施设备状况，保障接待工作的正常开展。

（5）协助宴会厅经理拟订宴会厅布置方案，并督导员工落实执行。

（6）调动员工积极性，做好充分准备，高效、优质完成各项接待及服务工作。

（7）对员工进行培训、考核、评估及技能指导。

（8）合理编排员工班次，确保各环节衔接顺畅，工作顺利推进。

（9）做好客史档案收集、建立和完善工作。

（十八）宴会厅服务员岗位职责

（1）负责宴会厅的清洁卫生，营造满足客人需求的就餐环境。

（2）做好宴会开餐准备，按规格布置宴会厅、餐台并补充物品。

（3）礼貌待客，按程序为客人提供就餐服务。

（4）熟悉各种服务方式，密切关注客人需求，力求令客人满意。

（5）按程序结账，负责宴会结束后的清洁整理。

（十九）餐务预订员岗位职责

（1）服从宴会厅经理安排，按照工作程序与标准做好餐务预订工作。

（2）全面掌握酒店接待及各餐厅餐位预订情况，合理控制餐位利用率，避免超额预订，实现餐厅利益最大化。

（3）接受并安排客人餐前预订，适时向客人介绍餐厅或酒店设施，回答客人询问，始终保持良好的服务形象。

（4）及时、细致地做好预订情况登记，并及时告知各餐厅引领员或领班，每天向宴会厅经理汇报预订详情。

（5）记录客人相关信息，完善客史档案，及时与服务人员沟通，提高客人满意度。

（6）班次结束后与下一班做好交接。营业结束，完成所管辖区域卫生清洁等收尾工作。

（二十）大堂吧领班岗位职责

（1）在酒吧经理领导下，贯彻酒店经营方针和各项规章制度，负责班组的日常管理和接待服务工作。

（2）制定大堂吧安全卫生、酒水饮料管控等制度，督导员工执行。

（3）参加部门例会，提出合理化建议。

（4）了解每日接待、预订情况，召开班前例会，安排工作。

（5）负责研发、调制鸡尾酒，及时更新酒水单，推动与酒水供应商的合作。

（6）带领员工完成每日接待工作，检查物品及设施的节能、卫生、服务质量及能耗情况，做好设施用品的保养更新，确保运营高效、安全、可靠。

（7）全面掌握大堂吧客人消费情况，征询客人意见、建议，处理问题和投诉。

（8）合理安排员工排班，保障各环节衔接顺畅，顺利完成接待工作。

（9）填写工作日志，做好销售服务统计和客户档案建立工作。

（10）对本班组员工进行考勤和绩效评估，掌握员工思想状况、工作表现和业务水平。

（11）组织并落实相关培训活动，推进人才开发和培养工作。

（二十一）大堂吧服务员岗位职责

（1）服从领班安排，按工作程序和标准，为客人提供迎送、酒水、结账等服务，保持良好的服务形象。

（2）做好大堂吧区域卫生及营业前各项准备，保持地面、台面、服务台和餐具洁净。

（3）熟悉各类酒水的名称和价格，掌握鸡尾酒配方和饮用方式，运用推销技巧做好酒水推销。

（4）与调酒员密切协作，协助做好吧台和酒具清洁卫生。

（5）营业结束后做好收尾工作，认真检查和整理大堂吧的设施和用品，杜绝能耗浪费。

（二十二）大堂吧调酒员岗位职责

（1）精通业务，熟悉各类酒水的特性及饮用方式。

（2）按照酒店标准和客人要求，提供各式酒水饮品。

（3）按程序补充大堂吧酒水。

（4）负责饮品领取、保管和销售，每日进行盘点整理。

（5）保管未售出的酒水。

（6）为客人调制鸡尾酒，管理大堂吧各类器具。

（7）填报酒水销售盘点日报表，确保报表和吧台库存、销售数、账台收入相符。

（8）负责工作区域设备、用具的卫生清洁。

（9）必要时协助大堂吧服务员开展工作。

（二十三）中餐厨师长岗位职责

（1）在行政总厨的领导下，全面统筹中餐厨房的生产管理工作，带领员工进行菜点制作，确保及时向客人提供符合质量标准的菜品。

（2）辅助行政总厨开展中餐厨房组织管理工作。

（3）制定中餐菜肴规格和制作标准，参与菜肴新品研发及食品促销活动策划。

（4）督导员工严格履行岗位职责和生产规范，确保食品加工操作安全。

（5）参加部门例会，提出合理化建议，主持中餐厨房内部会议。

（6）审定、验收中餐厨房每天所需原材料，审签中餐厨房原料、调料申领单。

（7）做好班组工作协调和人员临时调配。

（8）对中餐厨房员工进行考核、评估，制订并实施员工培训计划。

（9）督导中餐厨房各岗位做好环境卫生、个人卫生，防范食物中毒事件。

（10）主动征询客人意见和建议，与餐厅保持良好沟通，持续改进菜肴口味与品质。

（11）检查指导中餐厨房设备、器具的正确使用，审批器械检修报告单。

（12）主理高规格及重要客人的菜肴烹制。

（二十四）中餐热菜领班岗位职责

（1）在中餐厨师长的领导下，安排炉灶、砧板、打荷、蒸灶等岗位工作，按标准烹制各类菜肴，确保出品质量稳定。

（2）根据厨房年度、月度工作计划，带领员工完成各项接待任务和经营指标。

（3）参加部门例会及中餐厨房例会，提出合理化建议。

（4）了解每日预订情况，召开班前例会，督促员工做好准备并进行餐前检查。

（5）监督员工按规格配菜、烹调，检查菜肴出品质量与盘饰效果，发现问题及时纠正，保证订单处理有序。

（6）负责各类原材料申领，督导员工节约能源、合理用料，控制成本，杜绝浪费。

（7）监督员工遵守食品卫生法规，严禁向客人提供不合格食品。

（8）督促员工做好设施设备保养及工作区卫生。

（9）督导员工按规程操作，确保安全生产。

（10）合理安排员工排班，保障各环节衔接顺畅。

（11）对本班组员工进行考勤和绩效评估，掌握员工思想状况、工作表现和业务水平。

（12）组织落实相关培训活动，推进人才开发和培养工作。

（13）检查员工仪容仪表、个人卫生及岗位卫生。

（二十五）炉台厨师岗位职责

（1）严格执行酒店各项制度和操作规范。

（2）负责零点、宴会、团队、会议等各类菜点的烹制、出品，保证菜点质量。

（3）了解客情，做好餐前准备工作。

（4）对需要提前加工的菜点，认真完成上粉、腌渍、煎炸、上浆、滚、煨等半成品加工，然后按要求烹制。

（5）对客人有特殊要求的食品，采用特殊方法烹制，满足客人需求。

（6）根据厨师长和领班安排，制作特色茶点和美食节菜点，积极创新。

（7）按点菜顺序及技术要求烹制，保证出品质量和出菜时效。

（8）做好餐前炊具、厨具、用具及调味品等的准备和灶头卫生。

（9）营业结束后，清洗灶头、工具，保持包干区卫生，对需维修设备提出建议；检查水、电、气阀门关闭情况，保证厨房安全。

（二十六）打荷厨师岗位职责

（1）严格执行酒店各项制度和操作规范。

（2）根据营业情况备齐各类器皿、用品及调味料、小料，符合标准且品种齐全。

（3）准确把握客流量及客人用餐情况，灵活调整出菜速度。

（4）做好原料初加工及出菜前拼摆造型等工作。

（5）根据菜单和上菜顺序上菜，做到不积压、不错乱、不疏漏。

（6）严把菜品质量关，对大型宴会、团队、会议等菜品留样，存放冰箱并注明日期、单位，确保质量可追溯。

（7）工作中的用品要摆放整齐，便于取用，经常查看，做好防霉、防变质工作。工作完毕，合理存放各类调料、小料，防止交叉污染。

（8）做好包干区域的卫生工作，下班前检查设备及食品存放情况，确保安全。

（二十七）中式点心厨师岗位职责

（1）负责中式面点及风味小吃的制作。

（2）熟悉各类点心配料比例、原料特性及贮藏方法，熟练掌握点心设备操作方法，根据操作规程和火候要求制作，确保出品色、味、质俱佳。

（3）不断钻研新技术，根据餐厅反馈和客人意见对点心产品进行创新。

（4）每日上班时整理厨房卫生，备好面案及灶头所需工具，检查烤炉、烤箱、微波炉等设备，做好各项准备。

（5）按领班安排的生产任务及面点花色品种要求，领取面粉、调料和馅料等原料，做好和面、发面、拌料、醒面、制馅、面点食品造型等加工工作。

（6）严格执行食品卫生法规，把控食品卫生质量，合理使用并妥善储存剩余原料、生熟馅料和售剩的点心。

（7）每日营业结束后，整理灶头、案板和各类生产工具，检查水、电、气等设备开关，保持厨房整洁、卫生和安全。

（二十八）中餐冷菜厨师岗位职责

（1）负责冷菜、水果盘和各种果汁的制作。

（2）把控菜品质量和卫生，对菜品的质量和卫生负责。

（3）接收零点和宴会订单，严格按规格切配装盘，准确向餐厅提供菜品。

（4）根据餐厅反馈和客人意见，积极创新菜品，不断调整菜品，提高客人满意度。

（5）妥善保管原材料，依照食品卫生法规及酒店制度，对食材进行冷藏、保鲜和存放。

（6）随时保持个人卫生及包干区卫生，做好冷菜间消毒。

（7）定期检查、整理冰箱，保障所存放食品的质量。

（8）正确维护并使用器械设备，并保持其完好、清洁。

（二十九）管事组领班岗位职责

（1）在行政总厨的领导下，全面负责餐饮原料的粗加工供应，以及餐具、盛器和其他物料的保管工作。

（2）检查厨房、洗碗间的清洁卫生，督导员工做好责任区域的卫生。

（3）督导员工按照规范清洗各种器皿，把控洗碗间的餐具破损率，以及消毒液、电灯、物料的消耗情况。

（4）定期盘点，记录并报告器皿损坏、短缺情况，及时申领所需清洁用品。

（5）督导保管员做好贵重餐具的保养，研究并使用科学有效的保养方法。

（6）检查粗加工的出品质量，在确保符合厨房使用标准的基础上，提高净料率。

（7）督导水产养护员悉心照管各类河鲜、海鲜，提高存活率。

（8）参加部门例会及厨房例会，提出合理化建议。

（9）召开班组例会，负责本班组员工的排班和考勤工作，制订并落实相关培训计划。

任务四　餐饮业发展趋势

近年来，餐饮业呈现出以下发展趋势：

（1）餐饮服务从浅层次向深层次推进。传统的餐饮主要为顾客提供食品、饮料和基础服务，而现代餐饮朝着综合性发展，如将表演、娱乐、休闲等功能融入其中，餐饮服务功能不断深化拓展。

（2）从店堂服务向店外延伸。传统餐饮服务大都局限在店堂之内。近年来，许多餐饮企业走出店堂，开展外卖、送厨到家等服务，不仅增加了酒店收入，而且宣传了企业，培养了顾客忠诚度，提高了企业美誉度。

（3）从满足顾客单一需求向心理关怀拓展。多年来，传统餐饮服务以满足顾客的基本需求为宗旨，关注的是顾客的明确需求。而随着顾客需求的多元化，餐饮企业不仅要做好基础服务，更应关注顾客就餐习惯和心理趋向，给予顾客心理关怀。

（4）从粗放服务向细节服务靠拢。当今餐饮业的基本现状是量的繁荣和质的单一，细节服务成为吸引顾客的关键，谁在细节处出彩，谁就能占领市场。

然而，相较于社会一般餐饮的蓬勃发展，旅游酒店的餐饮业务对顾客的吸引力却在下降。旅游酒店餐饮部门必须正视自身的不利因素，发挥优势，重塑竞争力，树立新形象，实现新跨越。具体对策有以下几种：

第一，重新进行市场定位，变革经营形式。

旅游酒店的餐饮服务必须根据市场情况精准定位，进而确定经营策略。

中高档酒店应面向高端市场，提高服务质量，整合餐饮、住宿、商务、娱乐、会议等服务，实现优势互补，打造综合性高档产品。

低档酒店宜采取专业化经营，针对低端市场，实行住宿与餐饮分业经营，以降低成本、提高效益。

第二，在饮食卫生与营养方面提高质量，发挥优势，吸引顾客。

旅游酒店，尤其是高档酒店，应做到菜肴美味、管理制度健全、设备设施先进、保障有力。有条件的旅游酒店要在卫生与营养方面做得更好，向顾客提供更健康的餐饮。

第三，注意吸收外来饮食文化，引领饮食文化潮流。

旅游酒店的餐饮服务在中外饮食文化交流中具备得天独厚的条件：酒店常接待入境旅游者，熟悉国外饮食需求；许多酒店经营西餐，对外来饮食文化有一定了解；酒店拥有高素质的餐饮生产与服务队伍，具有学习外来经验的能力。旅游酒店通过中外饮食文化交流，促进饮食文化创新，便能引领消费，在竞争中占得先机。

复习思考题

1. 如何理解餐饮服务产品的特点?
2. 餐饮服务在旅游酒店经营中有哪些作用?
3. 简述餐饮业发展趋势。

案例分析

某天晚上，北京一家五星级宾馆的中餐厅正在接待外宾会议团和旅游团。孙先生是某公司负责接待外宾会议团的翻译，他把外宾安排好之后，和同事一起到旁边的工作餐厅用餐。

这一天，外宾团队订的都是“北京烤鸭”餐宴，翻译、导游和司机等也享受和外宾同等的用餐标准。孙先生入座后，服务员端上了茶水和凉菜，但等候许久，仍不见其他的菜上桌。孙先生忍不住去催问服务员，服务员告知今天太忙，请他再等一下。孙先生又等了很久，仍不见上菜，此时其他桌的菜已经上得差不多了。孙先生和同事又去催问了两次，但他们这桌依旧不上菜。外宾用餐完毕，孙先生送他们上车。此时，服务员追到车门前请孙先生签单结账。

孙先生没好气地说：“我根本就没吃上饭，结什么账?”

“先生，实在对不起。今天的确太忙了，把您那一桌给疏忽了，要不然把菜给您打包吧，但是请您先把账结了。”服务员着急地说。

“我们虽然也是服务人员，但到你们餐厅都应该是客人，待遇也是平等的。你们给外宾和其他桌都上了菜，就是不给我们上菜，催了几次都没用，搞得我们现在都没吃上饭。”孙先生虽有不满，但还是和服务员一同回到餐厅结了账。

思考题：从本案例中可以看出该餐厅在管理方面、供餐服务方面有哪些不足?

项目二 餐饮服务操作技能

知识目标

1. 了解托盘相关知识；
2. 了解餐巾折花基本手法和技巧；
3. 了解铺台布相关知识；
4. 掌握中、西餐摆台的基本要求；
5. 熟悉迎宾准备工作程序。

技能要求

1. 掌握托盘、餐巾折花、铺台布的基本操作技能；
2. 能按照客人的不同要求及餐厅的实际情况，开展中、西餐宴会摆台服务；
3. 能够按照服务程序及标准，做好餐前迎宾准备工作。

引导案例

一位翻译带着四位德国客人走进了某酒店中餐厅。客人入座后开始点菜，除菜品外，他们还要了啤酒、矿泉水等。突然，一位客人发出诧异的声音。原来他的啤酒杯有道裂缝，啤酒顺着裂缝流到了桌子上。翻译急忙叫服务员换啤酒杯。另一位客人指着面前的小碟子让服务员看，原来小碟子上有缺口。翻译赶忙检查桌上的餐具，发现碗、碟、瓷勺、啤酒杯等均有不同程度裂痕、缺口或瑕疵。

翻译起身把服务员叫到一旁说："这里的餐具怎么都有毛病？这会影响外宾情绪的！"

"这批餐具早该换了，最近太忙还没来得及换。您看，其他桌上的餐具也有问题。"服务员红着脸解释。

"这可不是理由啊！难道这么大的酒店连几套像样的餐具都找不出来吗？"翻译有些生气。"您别着急，我马上换新的。"服务员急忙改口。翻译和外宾交谈后又对服务员说："最好给我们换个地方，客人对这里的环境不太满意。"

经与餐厅经理协商，最后将这几位客人安排在小宴会厅用餐，更换了质量上乘的餐具，并根据客人的要求摆上刀叉。望着桌上精美的餐具，喝着可口的啤酒，这几位客人终于露出笑容。

【评析】

以上案例说明了优质服务的核心，在于让客人感受到“被重视”。餐厅需从“以客户为中心”的视角出发，将细节管控与预判能力融入日常运营，从餐具的准备、服务员的第一句回应开始精心打磨。

任务一　托　盘

托盘服务是每位餐厅服务员必须掌握的一项基本功。在餐厅服务中，无论是摆台、换台、撤餐具和酒具，还是走菜、酒水服务等，都需要使用托盘，这不仅体现出餐厅服务的规范化，也显示出服务人员操作的标准化。

一、托盘的种类

根据服务方式和服务内容的不同，餐厅会选用不同种类、形状、规格的托盘。

（一）按材质分类

按材质分类，托盘可分为塑料托盘和金属托盘。早期还有木质托盘，现在已经很少使用。

1. 塑料托盘

塑料托盘是目前餐厅中使用最为广泛的托盘，与金属托盘相比，主要具有以下特点：

（1）质地较轻，使用时不费力。

（2）材质和表面经过防滑处理，使用更方便。

（3）传热性能差，有利于服务人员的操作。

（4）碰撞时不会发出刺耳的声音。

（5）方便清洁保养。

2. 金属托盘

常见的金属托盘有镀银托盘（见图 2－1）、铝制托盘（见图 2－2）、不锈钢托盘（见图 2－3）等。金属托盘光亮醒目、坚固耐用，但也存在缺点：使用时易发出金属碰撞声，且托盘表面比较光滑，使用前要做好防滑处理。另外，金属托盘要做好定期保养，尤其是镀银托盘。

图 2-1 镀银托盘

1722CT
图 2-2 铝制托盘

2700CT
图 2-3 不锈钢托盘

（二）按形状分类

按形状分类，托盘可分为圆形托盘、长方形托盘、异形托盘等。

1. 圆形托盘

圆形托盘是餐厅中最常见的托盘（也可见到椭圆形托盘）。一般的服务都可以用圆形托盘来完成。

2. 长方形托盘

长方形托盘一般容量较大，适合一次运送较多的菜肴、酒水、器皿。

3. 异形托盘

异形托盘主要用于鸡尾酒会或其他庆典活动。

（三）按大小分类

按大小分类，托盘可分为大、中、小三种规格。

大号、中号长方形托盘一般用于运送菜点、酒水和盘碟等较重物品。大号、中号圆盘一般用于斟酒、展示饮品、送菜、分菜等。小号圆形托盘和小号方形托盘则用于递送账单、收款、递送信件等。

二、托盘的操作方法

托盘

根据端托物品的重量和用途不同，托盘端托的方法可分为两种：轻托和重托。在实际的餐饮服务工作中，以轻托为主，较大或较重的物品一般用餐车运送。

（一）轻托

轻托主要用于托送较轻物品。因为盘中运送的物品重量较轻，一般在 5 千克以内，所以称为“轻托”。又因盘子平托于胸前，所以又称为“平托”或“胸前托”。服务人员进行上菜、斟酒等操作时常采用轻托。

1. 理盘

根据所托物品的大小选择合适的托盘，并将其洗净擦干。在托盘内垫上清洁的餐巾或专用盘巾，并铺平拉直，盘巾的四边与盘底对齐，力求美观整洁。也可将盘巾适当蘸水，以避免盘内的物品滑动。

2. 装盘

根据所放物品的形状、体积、重量以及使用的先后顺序合理安排，以安全稳妥、便于运输为原则。当几种不同物品同时装盘时，一般应将重物、高物放于托盘的里侧，易于掌握托盘重心；将轻物、低物放于托盘的外侧，使盘内物品分布合理，便于开展服务。

3. 起托

（1）左手五指分开，掌心向上置于托盘下部，手掌自然成凹形，掌心不与盘底接触，用五指与掌根的两点接触托盘，使七个接触点连成一平面。

（2）左臂弯曲成 90°，即小臂与大臂形成直角。

（3）将托盘平托在胸前，高度处于胸部下方和腰部上方的中间位置。

（4）手指和手掌根部随时根据托盘上各侧面的轻重变化而作相应的调整，保持托盘的重心平稳。

4. 托盘行走

托盘行走指服务员托起托盘走动时的行走动作，要求头正肩平，上身挺直，目视前方，脚步轻缓、稳健。行走的步伐可归纳为以下五种：

（1）常步：步距均匀，步速适当，适用于餐厅日常服务工作。

（2）快步（疾行步）：步距加大，步速较快，但应保持适宜的速度，不能表现为奔跑，以免影响菜形或泼洒菜肴。快步主要适用于托送火候菜肴，以防止菜肴风味的改变。

（3）碎步（小快步）：步距小，步速快。运用碎步，可以使上身保持平稳，避免汤汁溢出。碎步适用于端送汤汁多的菜肴及重托物品。

（4）跑楼梯步：身体前倾，重心前移，用较大的步距，一步跨两级台阶，一步紧跟一步，上升速度快而均匀，巧妙地借用身体和托盘运动的惯性，既快又节省体力。跑楼梯步适用于托送菜品上楼。

（5）垫步（辅助步）：需要侧身通过时，右脚侧一步，左脚跟一步，一步紧跟一步。垫步适用于穿行狭窄通道或紧急避让。

5. 落托

落托盘时，一要慢，二要稳，三要平。左手转掌落托盘时，需要右手协助。待盘面与台面相平时，再用左臂或左手将托盘向前推进，落托动作结束后，应及时将盘内物品整理好。

（二）重托

重托主要用于运送大型的菜点、酒水、盘碟等，一般所托物品的重量在 10 千克左右。因为盘中所托物品较重，故称为“重托”。又因以上肩的方式来托送物品，所以也叫“肩上托”。重托通常使用质地坚固的大号或中号长方形托盘，多用于西餐的上菜与派菜。

重托操作时，用双手将托盘移至服务台边沿，使托盘的1/2悬空，右手扶住托盘底部中心，双脚分开，身体前倾，双腿下蹲。左手确定好重心后，在右手的帮助下，慢慢将托盘托起。在起托的同时，转动左手腕，将托盘送至左肩外上方，挺直身体，将托盘托实、托稳后，再将右手撤回呈下垂姿势。做到盘不压肩、不靠颈，行动自如。

任务二　餐巾折花

餐巾折花是餐饮服务的重要技能之一，主要工作内容是餐厅服务员将餐巾折成各式花样，插在酒杯或水杯内，或放置在盘碟内，供客人在进餐过程中使用。当前，餐巾折花的趋势为美观大方、造型简单。

餐巾的使用

一、餐巾的作用及种类

（一）餐巾的作用

餐巾又称口布、席巾等，是宴会用餐时使用的专用保洁方巾。餐巾的作用主要体现在以下几方面。

1. 餐巾是餐饮服务中的卫生用品

客人用餐时，可将餐巾置于胸前或膝上，用来擦嘴或防止汤汁、酒水弄脏衣物。

2. 餐巾可以装饰美化餐台

不同的宴会主题，需搭配不同花形的餐巾。餐台上形状各异的餐巾花，可以美化餐台，给人以美的享受。

3. 餐巾花形可以烘托就餐气氛

不同的餐巾花形，可以突出不同的宴会主题，增添庄重热烈的气氛，对宾主之间的情感交流起到良好的促进作用。

小贴士

国宴上，用餐巾折成喜鹊、和平鸽等花形表示欢快、和平、友好，给人以愉悦之感；婚宴上，折出比翼齐飞、心心相印的花形送给一对新人，则可以表达永结同心、百年好合的美好祝愿。

4. 餐巾花形的摆放可标示主宾、主人的席位

折叠餐巾花时应选择好主宾的花形，主宾花形高度应高于其他花形高度以示尊贵。主人花形与主宾花形应有所区别。

（二）餐巾的种类

1. 按餐巾质地分

按餐巾质地分，餐巾可分为棉质餐巾、化纤餐巾和纸质餐巾。棉质餐巾吸水性强、触感好、色彩丰富，但易褪色，且不够挺括，每次洗涤需上浆，使用寿命4～6个月。化纤餐巾色泽艳丽，不易褪色，使用寿命较长，洗后挺括，但触感和吸水性较差。纸质餐巾的特点是一次性使用，成本较低，在快餐和团队餐中使用较广。

2. 按餐巾颜色分

餐巾颜色有白色与彩色两种。

白色餐巾给人以清洁卫生、恬静优雅之感，是餐厅最常使用的餐巾。

彩色餐巾可分为暖色和冷色两类。暖色餐巾色调柔美，能营造一种富丽堂皇、庄重热烈的氛围；冷色餐巾色调清新，给人以平静、舒适、凉爽的感觉。

3. 按餐巾的规格、边缘形状分

根据实际使用效果，45～50cm见方的餐巾使用较为普遍；一般餐巾应不小于40cm见方，不大于60cm见方，否则不便折叠，且不美观。无论哪种规格的餐巾，都必须是正方形的。

按餐巾边缘形状分，餐巾又可分为平直形和波浪曲线形两种。

二、餐巾折花的分类及应用

（一）餐巾折花的分类

1. 按折叠方法与摆设工具分

按折叠方法与摆设工具分，餐巾折花可分为杯花、盘花和环花三大类。

（1）杯花。杯花需插入杯中才能形成造型，出杯后花形即散，常用于各种宴会。由于折叠成杯花后使用，其平整性较差，也容易造成污染，所以目前杯花已较少使用。

（2）盘花。盘花造型完整，成型后不会自行散开，可放于盘中或其他盛器及桌面上。常在西餐厅或茶室等作台面摆设，中餐厅摆台中较少使用。盘花简洁大方、美观适用，使用较多。

（3）环花。环花是将餐巾平行卷好或折叠形成一个尾端，套在餐巾环内形成的餐巾造型。餐巾环有各种质地，有的上面还有纹饰和徽记；有时餐巾环也可以用丝带和丝穗代替，在餐巾卷的中央系结并配以小枝鲜花。环花通常放置在衬碟或面包盘上，

风格传统、雅致、简洁。

2. 按餐巾折花造型分

按餐巾折花造型分，餐巾折花可分为植物类、动物类、实物造型类。

（1）植物类。植物类餐巾折花既有根据植物花形折成的，如荷花、水仙花等；也有根据植物的叶、茎、果实造型制作的，如竹笋、玉米等。植物类餐巾折花变化多、造型美，是餐巾折花的重要类别。

（2）动物类。动物类花形包括鱼、虫、鸟、兽，其中以飞禽为主，如白鹤、孔雀等。动物类造型有的取其整体，有的取其特征，形态逼真，生动活泼，也是餐巾折花中的重要一类。

（3）实物造型类。这是模仿日常生活用品中各种实物形态折叠而成的餐巾折花，如帽子、折扇、花篮等，这一类餐巾折花目前品种还不太多。

（二）餐巾折花花形的选择

1. 根据宴会的规模选择花形

举办大型宴会时，主宾席可选用叠工精细、造型美观的花形，其他桌可选用一类或一种花形，每个台面花形不同，可使宴会整体布局显得多姿多彩。如果是 1～2 桌的小型宴会，可以在同一桌上使用不同种类的花形，也可以 2～3 种花形相间搭配，营造既多样又协调的整体布局。

2. 根据宴会的性质选择花形

不同性质的宴会，选择与之相适应的花形，可达到锦上添花的效果。如办婚嫁喜宴，可选用“鸳鸯”“喜鹊”“花蕊彩蝶”等花形，以示庆贺；祝寿酒席，可用“寿桃”“仙鹤”等花形，以示寿比南山、吉祥如意；洽谈生意宴请，可用“竹笋”“蓓蕾”等花形，以示生意兴隆、事事如意。

3. 根据花色冷盘及菜肴特色选择花形

中式宴席通常是冷盘先上桌，宾客随后入席。因此根据花色冷盘的形态选择花形，可以达到整体美的效果。如上蝴蝶冷盘，可选择花卉花形，使整个台面形成“花丛彩蝶”的画面；上凤凰冷盘，可选配各种飞禽花形，相互配合就形成了“百鸟朝凤”的台面。此外，还可根据风味宴、名菜宴的菜单选择花形。如以海鲜为主的宴席，可选用鱼、虾的花形等。

4. 根据季节选择花形

可以选择应季花形以突出季节特色。如春季宴会可选择迎春、玉兰等花卉花形，营造满园春色的氛围；夏季宴会可选择荷花、月季等花形，令来宾感觉清爽；秋季宴会可选择菊花、秋叶等花形；冬季宴会可选择梅花等花形。按季节选择花形，可以给人时令感。

5. 根据接待对象选择花形

由于来宾在宗教信仰、风俗习惯及性别、年龄等方面都存在差异，这就需要根据实际情况区别对待，尽可能选择来宾喜欢的花形。例如，在一般情况下，日本客人喜爱樱花，法国客人喜爱百合花，美国客人喜爱山茶花，英国客人喜爱蔷薇花等。接待有宗教信仰的来宾，如信仰佛教，避免叠动物造型，宜叠植物、实物造型；如信仰伊斯兰教，不选用与猪相关的造型等。

6. 根据主宾席位选择花形

主宾、主人席位上的花称为主花。主花一般选用折叠细致、美观醒目的花形，以达到突出主人、尊敬主宾的目的。如在接待国际友人的宴会上，叠和平鸽表示和平，叠花篮表示欢迎，为女宾叠孔雀表示美丽，为儿童叠小鸟表示活泼可爱，使宾主均感到温暖、亲切。

小贴士

宴会的餐巾折花花形，要根据接待对象、宴会主题、时令季节等因素设计折叠，灵活把握，力求简便、快捷、整齐、美观、大方。

三、餐巾折花的基本技法

（一）叠

叠是最基本的餐巾折花手法，几乎所有的造型都要使用。叠就是将餐巾一折为二，二折为四，或折成三角形、长方形、菱形、梯形、锯齿形等形状。叠有折叠、分叠两种。叠时要熟悉造型，看准角度一次叠成。如有反复，就会在餐巾上留下痕迹，影响挺括性。

（二）折

折是打褶时运用的一种手法，就是将餐巾叠面折成褶裥状，使花形层次丰富、紧凑、美观。打褶时，用双手的拇指和食指分别捏住餐巾两头的第一个褶裥，两个拇指相对成一线，指面向外；再用两手中指按住餐巾，并控制好下一个褶裥的距离。拇指、食指的指面握紧餐巾向前推折至中指外，用食指将推折的褶裥挡住，中指腾出去控制下一个褶裥的距离。三个手指如此互相配合，做到均匀整齐、距离相等。

折可分为直线折和斜线折两种方法。两头一样大小的用直线折，一头大一头小或折半圆形或圆弧形的用斜线折。

（三）卷

卷是用拇指、食指、中指三个手指相互配合，将餐巾卷成圆筒状并制出各种造型的一种手法。卷分为直卷和螺旋卷。直卷有单头卷、双头卷、平头卷，要求餐巾卷平直，两头大小一致。螺旋卷分两种：一种是先将餐巾叠成三角形，餐巾边参差不齐；另一种是将餐巾一头固定、卷另一头，或一头多卷、另一头少卷，使卷筒一头大、一头小。无论是直卷还是螺旋卷，餐巾都要卷得紧凑、挺括，否则会因松软无力、弯曲变形而影响造型。

（四）穿

穿是用工具从餐巾的夹层折缝中穿过去，形成皱褶，使造型更加逼真美观的一种方法。首先将餐巾折好后攥在左手掌心内，用筷子一头穿进餐巾的褶缝里，另一头抵在自己身上，然后用右手的拇指和食指将筷子上的餐巾一点一点向后拨，直至把筷子穿出餐巾为止。穿好后先把餐巾花插入杯子内，再把筷子抽掉，否则容易松散。根据需要，一般只穿 1～2 根筷子。穿的工具要光滑、洁净，穿好的褶裥要平直、细小、均匀。

（五）翻

翻是在折制过程中，将餐巾折、卷后的部位翻成所需造型的一种手法。一般情况下，翻大都用于折花鸟造型。操作时，一手拿餐巾，另一手将下垂的餐巾翻起一只角，翻成花卉或鸟的头颈、翅膀、尾等形状。翻花叶时，要注意叶子对称，大小一致，距离相等。翻鸟的翅膀、尾巴或头颈时，一定要翻挺，不要软折。翻时要注意大小适宜，自然美观。

（六）拉

拉就是牵引，是指在翻的基础上，为使餐巾造型直挺而使用的一种手法。拉一般在餐巾花半成形时进行。把半成形的餐巾花攥在左手中，用右手拉出一只角或几只角。操作时要注意大小比例适当，整齐自然。

（七）捏

捏是用于折鸟的头部和嘴部造型的一种技法。操作时先将餐巾的一角拉挺做颈部，然后用一只手的拇指、食指、中指三个指头捏住鸟颈的顶端，食指向下，将巾角尖端向里压下，用中指与拇指将压下的巾角捏出尖嘴状，作为鸟头。捏时要做到棱角分明，头顶角、嘴尖角到位。

（八）掰

掰是将餐巾做好的褶用手一层一层掰出层次的一种手法。掰一般用于制作花束。掰时不要用力过大，以免松散。操作时要注意层次分明，间距均匀。

小贴士

几种常见花形折法，如图 2-4 至图 2-10 所示。

1. 牡丹花形

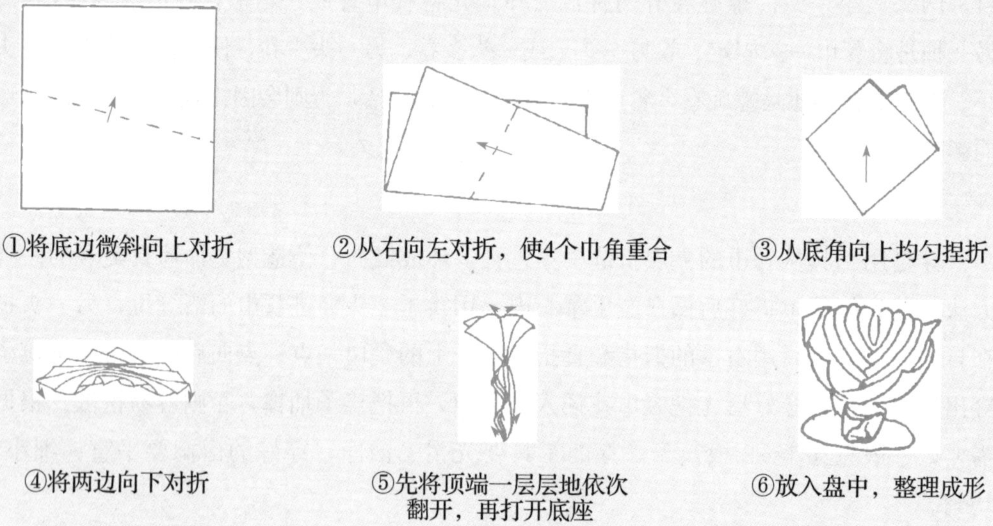

图 2-4　牡丹花形折法

2. 卧鸽花形

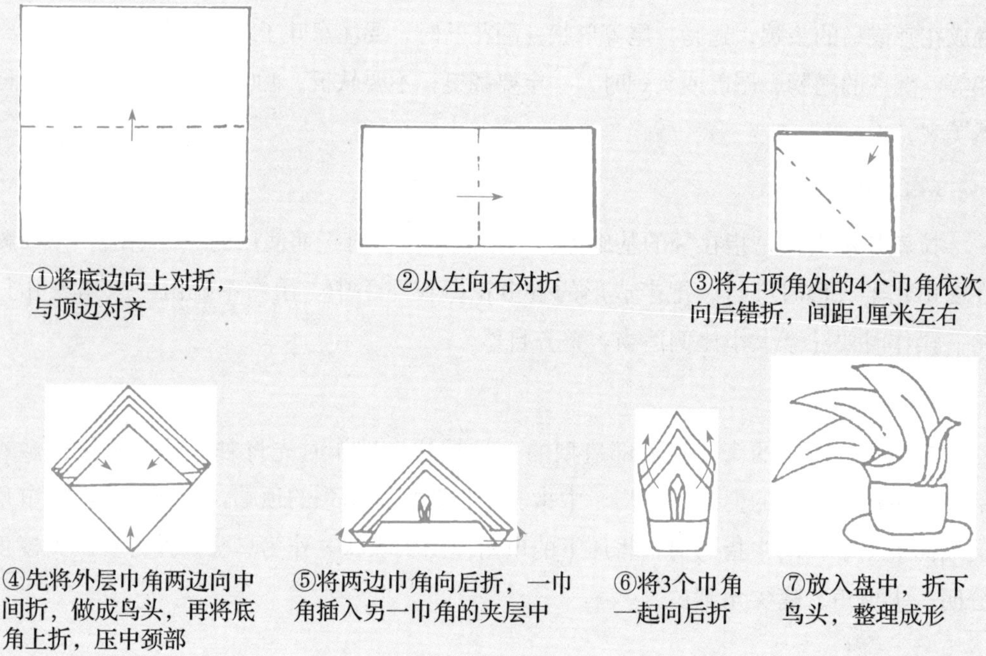

图 2-5　卧鸽花形折法

3. 含苞欲放花形

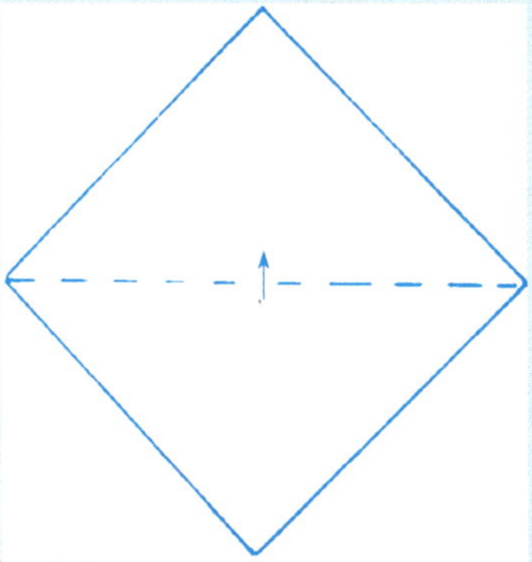

①将底角向上对折，与顶角对齐

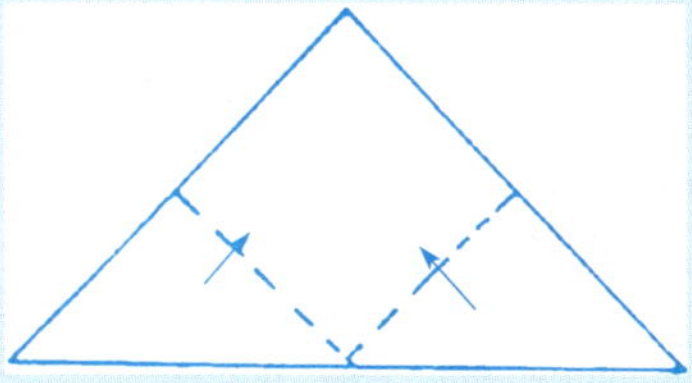

②将底边两角向顶角对折

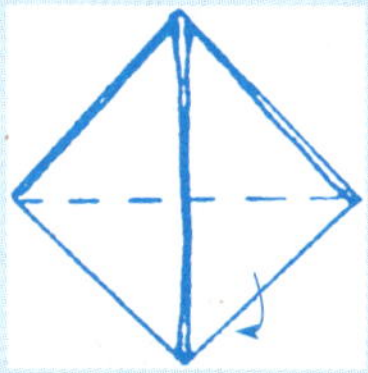

③从中间处向后折

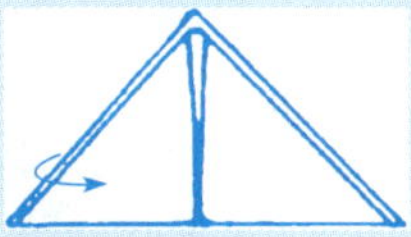

④将左边向中间折拢

⑤右边也向中间折，并将巾角插入左边夹层中

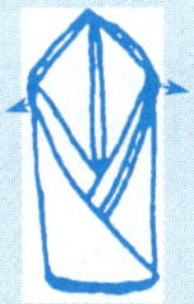

⑥翻开后面两巾角做叶片

⑦放入盘中，整理成形

图 2－6　含苞欲放花形折法

4. 金鱼花形

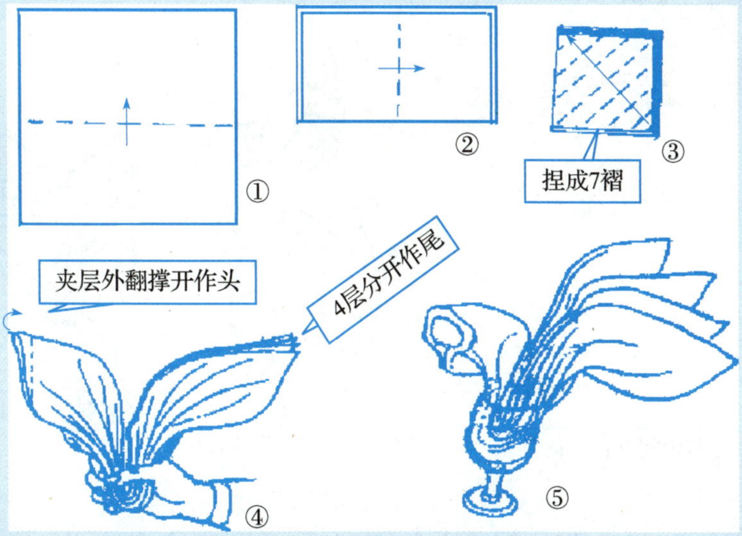

图 2－7　金鱼花形折法

5. 翼尾鸟花形

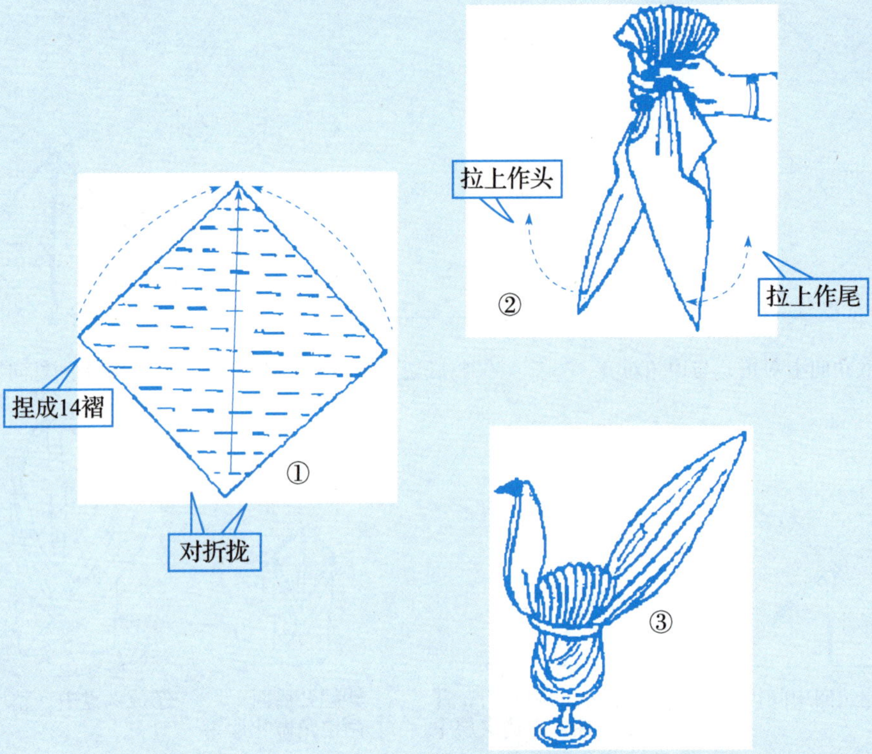

图 2-8 翼尾鸟花形折法

6. 金钟花花形

图 2-9 金钟花花形折法

7. 彩凤花形

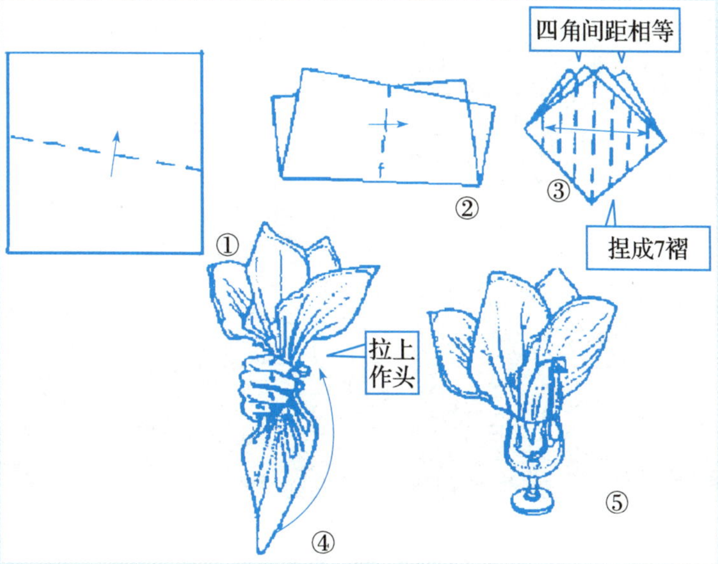

图 2-10　彩凤花形折法

任务三　铺台布

铺台布是餐厅服务员必须掌握的技能。台布也称桌布，有多种样式与颜色。从台布的质地分，可分为提花台布、织锦台布和工艺绣花台布；从台布的颜色分，有白色、红色、绿色和黄色等多种颜色。

铺台布是将台布平整地铺在餐桌上的过程。台布的规格是根据餐桌的大小来选择的。

小贴士

常见的台布尺寸有：

180cm×180cm　一般供 4～6 人餐台使用

220cm×220cm　一般供 8～10 人餐台使用

240cm×240cm　一般供 10～12 人餐台使用

260cm×260cm　一般供 14～16 人餐台使用

280cm×280cm　一般供 16～18 人餐台使用

在零点餐厅使用的正方形台布，多为 180cm×180cm 和 220cm×220cm 的，宴会厅则多采用 240cm×240cm 的台布。

由于不同餐厅经营类别与模式不同，选用的台布材质、造型、花色等都有所不同，如图 2－11 所示。

（a）

（b）

图 2－11　台布

一、圆台铺台布的方法

圆台铺台布的常用方法有三种。

（一）推拉式

服务员选好台布，站在副主人座位处，将台布打开后放至餐台上，用两手的拇指和食指分别夹住台布的一边，其余三指抓住台布，将台布贴着餐台平行推出去再拉回来。铺好的台布，中间的折线对准主位，十字取中，四面下垂部分对称并且遮住台脚的大部分，以台布自然下垂至餐椅边为最适合。

这种铺台布的方法适用于零点餐厅、较小的餐厅，或因有客人在餐台周围就座等候用餐，以及地方窄小的情况。

（二）抖铺式

服务员选好台布，站在副主人座位处，将台布打开，用两手的拇指和食指分别夹住台布的一边，其余三指将多余台布提拿于胸前，身体呈正位站立式，利用双腕的力量将台布向前一次性抖开并平铺于餐台上。

这种铺台布的方法适用于较宽敞的餐厅或周围没有客人就座的情况。

（三）撒网式

服务员选好台布，站在副主人座位处，呈右脚在前、左脚在后的站立姿势，将台布正面朝上打开，用两手的拇指和食指分别夹住台布的一边，其余三指将多余台布提拿至左肩后方，上身向左转体，下肢不动并在右臂与身体回转时，将台布斜着向前撒出去。当台布抛至前方时，上身转体回位并恢复至正位站立，此时台布已经平铺于餐台上。

这种铺台布的方法多用于宽大场地或技术比赛场合。

二、方台和长台铺台布的方法

西餐一般多用方台和长台。普通方台台布的铺设，可以参照圆台台布的铺设方法。较长的餐台，台布一般由两个人合铺，用几块台布拼铺在一起。服务员可以从餐台一端铺起，直到另一端，两个人分别站在餐台两侧操作。铺设时，台布与台布之间的折缝要吻合，连成一线。铺好的台布要折缝居中、平挺无皱，两端和两侧下垂部分应对边相等。

任务四 摆 台

餐台的布置称为摆台，是将餐具、酒具以及辅助用品按照一定的规格，整齐美观地铺设在餐桌上的操作过程，包括铺台布、餐台排列、席位安排、餐具摆放等。摆台是餐厅服务中要求比较高的基本技能，要做到清洁卫生、整齐有序、放置得当、便于就餐、配套齐全，既保证用餐环境方便舒适，又给客人带来良好的心理感受，营造温馨舒适的就餐环境。

摆台分为中餐摆台和西餐摆台。

一、中餐摆台

中餐摆台

中餐摆台一般分为中餐零点摆台和中餐宴会摆台两种。零点摆台以小餐桌为主，宴会摆台以大圆桌为主。

（一）摆台用具

（1）餐碟。又称为骨碟，主要用于盛装餐后的骨头和碎屑等，在中餐摆台时也起到定位的作用。

（2）筷子。按材质分类有多种，常见的有木筷、竹筷、银筷等。

（3）筷架。用来放置筷子，可以有效提高就餐规格。按材质分有瓷制、塑胶类、金属制等，造型各异。

（4）汤匙。瓷制小汤匙（调羹）一般放在小汤碗中，而金属长把汤匙或瓷制大汤匙作为宴会公用勺，摆放在桌面架上。

（5）汤碗。专门用来盛汤或吃带汤汁菜肴的小碗。

（6）味碟。中餐特有的餐具，是用来为客人盛装调味酱料的瓷碟。

(7) 杯子。包括瓷制的茶杯和玻璃制的酒杯等。

(8) 转台。适用于多人就餐的零点餐或宴会的桌面，方便客人取用菜品，常见的有玻璃转台和木质转台。

(9) 其他用具。根据不同餐饮部门的要求，桌面上可能还会添加其他用具，如调味瓶、牙签盅、花瓶、台卡、菜单等。

(二) 中餐零点摆台

中餐零点摆台多用于零点散客或是团体包桌，其餐台常使用小方台或者小圆桌，没有主次之分。服务员在客人进餐前摆放好各种调味品，按照座位摆好餐具。中餐零点摆台的基本要求如下：

(1) 台布铺设整洁美观，符合餐厅要求。

(2) 餐碟摆放于座位正中，碟边距离桌边 1 厘米（约一指宽）。

(3) 汤碗与小汤匙一起摆在餐碟前 1 厘米处。

(4) 筷子位于餐碟右侧，筷尾距离桌边 1 厘米。

小贴士

摆台规程

1. 摆台准备

(1) 洗净双手，准备各类餐具、玻璃器具、台布、口布或餐巾纸等。

(2) 检查餐具、玻璃器具等是否有损坏、污渍及手印，是否洁净光亮。

(3) 检查台布、口布是否干净，是否有损坏、褶皱。

(4) 检查调味品及垫碟是否齐全、洁净。

2. 铺台布

按圆桌铺台布的方法铺好台布。台布中缝居中，对准主位，四边下垂长短一致，四角与桌脚成直线垂直。

3. 摆餐椅

(1) 4 人桌，正、副主位方向各摆两把餐椅。采用十字对称法。

(2) 6 人桌，正、副主位方向各摆一把餐椅，两边各摆两把餐椅。采用一字对中、左右对称法。

(3) 8 人桌，正、副主位方向及两边各摆两把餐椅。采用十字对中、两两对称法。

(4) 10 人桌，正、副主位方向各摆三把餐椅，两边各摆两把餐椅。采用一字对中、左右对称法。

(5) 12人桌，正、副主位方向及两边各摆三把餐椅。采用十字对中、两两相间法。

4. 上转盘

8人以上桌面应摆转盘，并套上转盘布罩。转盘与餐桌保持同心。

5. 摆餐具

按规格要求摆放各类餐具。

（三）中餐宴会摆台

中餐宴会摆台

1. 中餐宴会桌次安排

中餐宴会多使用大圆桌，鉴于宴会参与人数较多，桌次安排至关重要。应根据宴会厅的形状、面积以及赴宴人数，合理安排桌次，桌与桌之间要预留合适间距，以便服务人员顺利开展服务工作。主桌应该位于面向宴会厅正门的位置，可以纵观整个宴会厅，其他桌次由上至下排列；也可将主桌置于宴会厅中心位置，其他桌次向四周辐射排列。

在平面布局上，中餐宴会桌次安排应力求错落有致、对称协调，如图 2－12 所示。

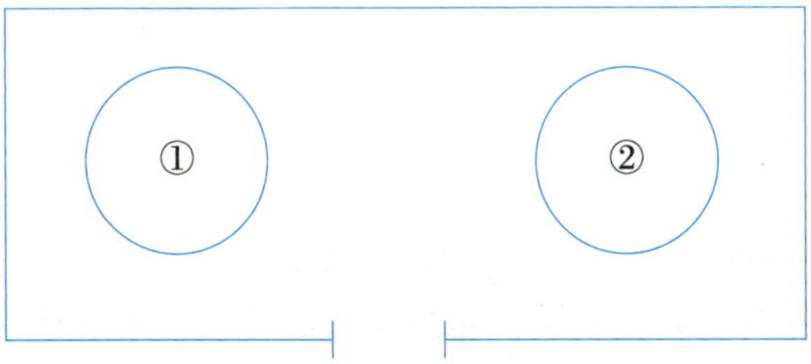

（a）桌次排位之一

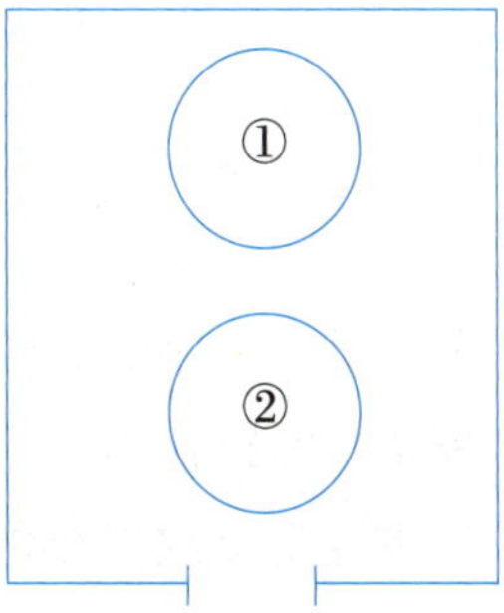

（b）桌次排位之二

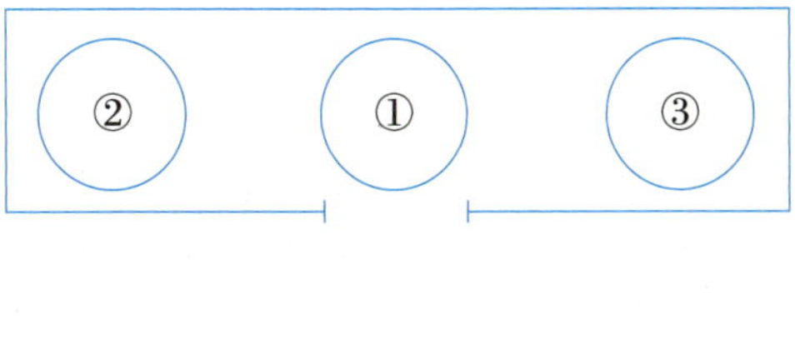

（c）桌次排位之三

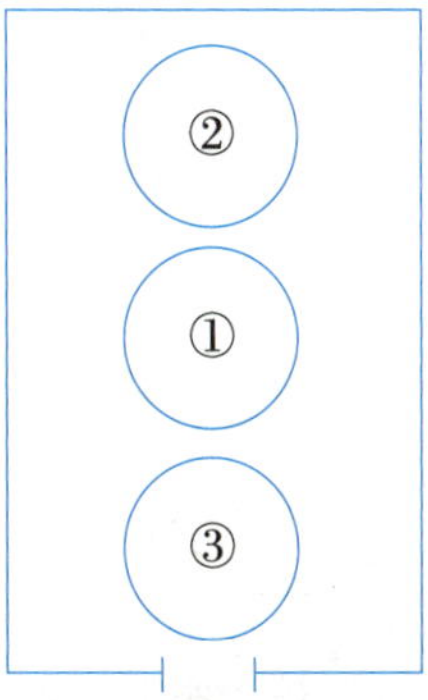

（d）桌次排位之四

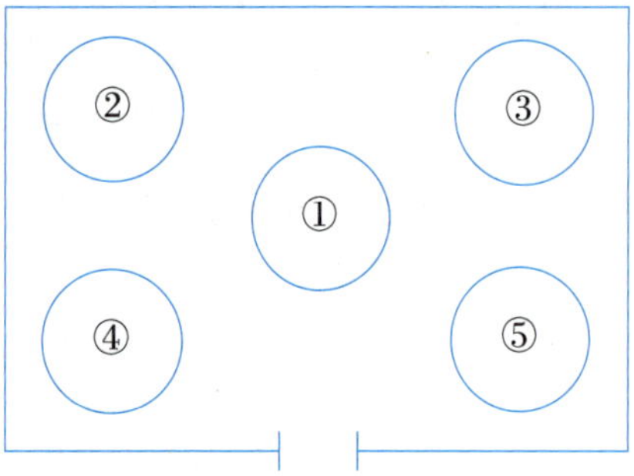

（e）桌次排位之五

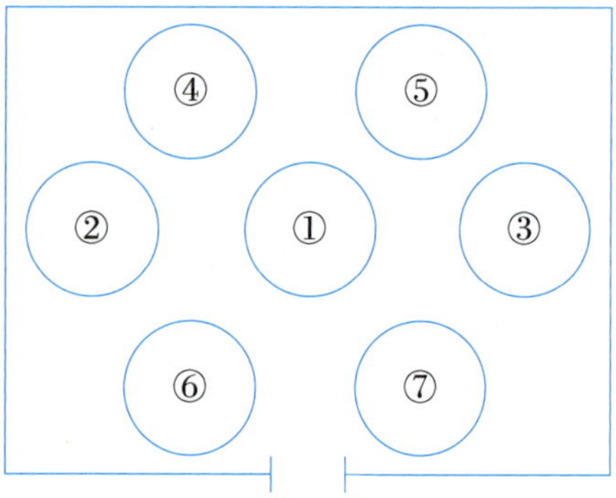

（f）桌次排位之六

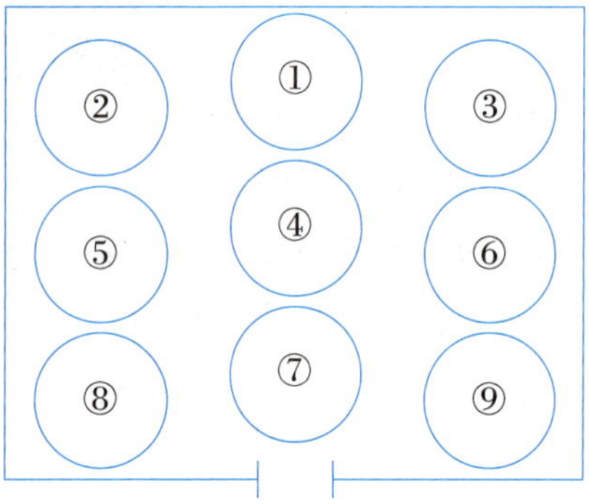

（g）桌次排位之七

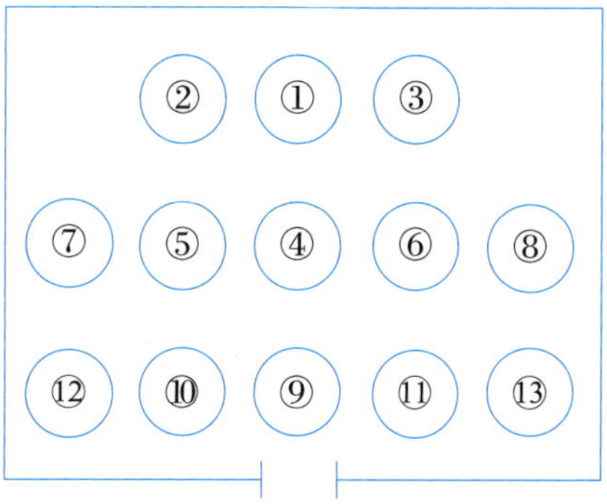

（h）桌次排位之八

图 2-12　中餐宴会桌次安排

2. 中餐宴会座次安排

中餐宴会座次应根据宴会的性质、主办单位或主人的特殊要求、出席宴会的宾客身份来安排，需符合礼仪规格，尊重风俗习惯，便于席间服务。

中餐宴会上座次安排的具体规则有四：其一，面门为主；其二，主宾居右；其三，好事成双；其四，各桌同向。中餐宴会座次安排，如图 2-13 所示。

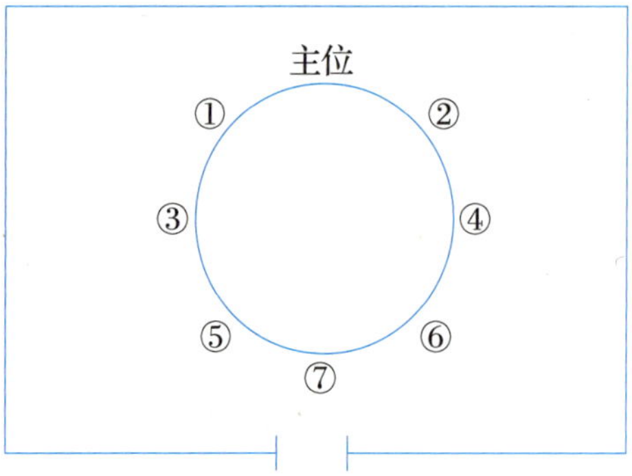

（a）座次安排之一

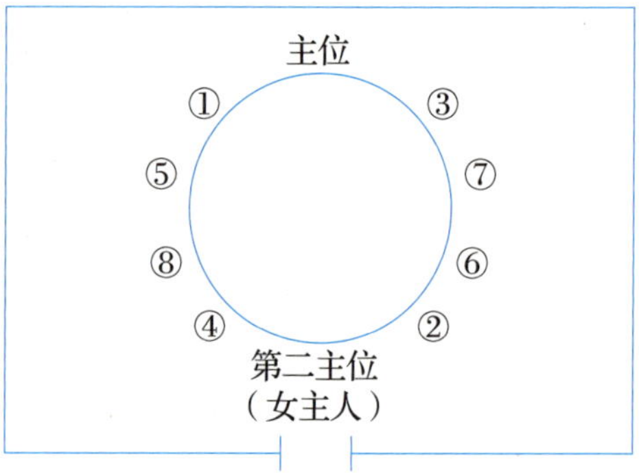

（b）座次安排之二

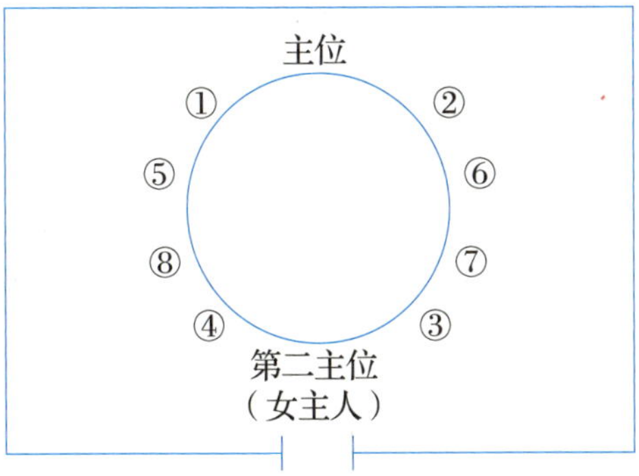

（c）座次安排之三

图 2－13　中餐宴会座次安排

中餐宴会中，一般涉及主人、副主人、主宾、副主宾及其他陪同人员，他们都有固定的座次安排。通常来说，背对着餐厅重点装饰面、面向众席的是上首，主人在此入座，副主人坐在主人对面，主宾坐于主人右侧，副主宾坐于副主人右侧。主人与主宾双方携夫人入席的，主宾夫人坐在主人左侧，主人夫人坐在主宾夫人的左侧。其他位次不变。

当举行高规格的中餐宴会时，餐厅员工要协助宴会承办人排好座次，或将来宾姓名按位次高低绘制在平面图上，张贴于餐厅入口处，以便引导宾客入席就座。

3. 中餐宴会餐具摆放

（1）摆餐碟。从主人位开始，按顺时针方向依次摆放餐碟，正、副主人位的餐碟应摆放于台布凸线的中心位置。碟边距离桌边 1 厘米，各餐碟间距离相等。

（2）摆汤碗、汤勺。汤碗的摆放有两种方法：广式摆法中，汤碗放置在餐碟的左前方，汤碗的边缘与餐碟的边缘相切；京式摆法中，汤碗的位置在餐碟的正前方。汤勺放置在汤碗内，勺柄向左。

（3）摆酒具。用葡萄酒杯定位，葡萄酒杯摆在餐碟正前方，杯柱中心应正对餐碟中心。白酒杯在葡萄酒杯右侧，水杯在葡萄酒杯左侧。三个杯子杯肚之间的距离为 1 厘米。

（4）摆筷架和筷子。筷架置于餐碟右侧，距离餐碟 1 厘米。摆放时要注意筷架的造型、图案，如果是动物造型，头应朝左摆放。筷子放于筷架上，筷子尾端距桌边 1 厘米。

（5）摆公用餐碟、公用勺、公用筷。公用餐碟应摆在正、副主人的正前方，碟边距葡萄酒杯 3 厘米。公用勺放在公用餐碟内靠桌心一侧，勺把朝左。公用筷放在公用餐碟内靠桌边一侧，尾端朝右。公用筷与公用勺间距 1 厘米，对称摆放。

（6）摆牙签。小包装牙签，放在筷子的右侧 1 厘米处，牙签距桌边 5 厘米；牙签盅放在正、副主人筷子的右上方。

（7）叠放餐巾折花。要求用不同手法折叠不同造型的餐巾折花，叠完后按要求放入水杯中，花形按主次宾客顺序，位置摆放得当。

（8）摆花瓶、台卡。花瓶、台卡放在转台上，花瓶置于转台中心，台卡放在花瓶正前方，距离花瓶 1 厘米左右，朝向副主人位。

（9）摆椅子。摆放为三三两两式，即正副主人侧各放三把椅子，另两侧各放两把椅子，各侧椅背在一直线上。

中餐宴会餐具摆放实例如图 2－14 所示。

图 2－14　中餐宴会餐具摆放

小贴士

中餐摆台注意事项

（1）摆台选配餐具器皿时，一定要选择花色成套的。

（2）使用前仔细检视所有瓷器、玻璃器皿，凡有破损的，即使是细微裂痕或小缺口，都不能摆上桌，以免引起客人不满。

（3）严禁使用脏污的餐具器皿。

（4）不得使用有破损或污渍的台布及餐布。

（5）常规摆桌通常不设酒杯，按客人需求提供。

（6）摆台时先分类整理餐具，依摆桌顺序放在托盘或手推车内，运至餐桌前摆放。托盘中的盘碗碟等瓷器，不宜堆置过高，以免倾倒翻覆造成危险。

（7）餐具是餐厅的重要财产，要妥善维护。操作不当造成破损，会影响摆台工作效率，应避免人为造成的损失与短少。虽然餐厅有破损消耗率的规定，但未尽到职责或恶意破坏的，应进行赔偿。

（8）餐桌装饰在于美化点缀，应统一摆放在餐桌一角，色彩务求协调，否则就不必摆设，以免妨碍客人用餐。

（9）餐桌餐具摆放完毕，务必检查是否正确、完美，同时将每把座椅摆放整齐；营业或开席前20分钟，领班应做一次复查，发现问题立即纠正。

二、西餐摆台

西餐摆台

西餐一般使用长方台，有时也使用圆台或者四人小方台。西餐实行分餐制，摆台应按照不同的餐别进行不同的布置。正餐的餐具摆放分为零点餐桌摆台和宴会摆台，同时西餐餐具的摆放方式因服务方式的差异而有所不同，实例如图2－15所示。

图2－15 西餐摆台

（一）摆台用具

（1）台布：颜色以白色为主。

（2）餐盘：大小约12寸（1寸≈3.33厘米），可以作为摆台的基本定位。

（3）餐刀：大餐刀，享用主菜时使用。小餐刀，享用副菜和沙拉时使用。鱼刀，享用海鲜或者鱼类时使用。牛排刀，前端有小锯齿，享用牛排时使用。

（4）餐叉：大餐叉，享用主菜时使用。小餐叉，享用副菜或者沙拉时使用。鱼叉，享用鱼类或其他海鲜时使用。水果叉，享用水果时使用。蛋糕叉，享用蛋糕时使用。生蚝叉，享用牡蛎时使用。

（5）黄油刀：用来将黄油涂抹在面包上的重要工具，常与面包盘搭配摆放。

（6）面包盘：用来摆放面包，大小约 6 寸。

（7）汤匙：浓汤匙，喝浓汤时使用。清汤匙，喝清汤时使用。甜品匙，食用点心和甜品时使用。餐匙，不分清汤和浓汤，均可使用。

（8）水杯：用来盛装饮用水。

（9）葡萄酒杯：分为红酒杯和白酒杯，一般红酒杯略大于白酒杯。

（二）西餐零点摆台

西餐零点摆台

（1）摆餐盘。餐盘摆放在席位正中，餐盘的中心应正对椅背中间，餐盘边缘与餐桌边缘相距 1 厘米。

（2）摆餐刀、餐叉、汤勺。应按照由外向里的次序，将餐刀、汤勺依次摆放于餐盘右侧，餐刀刀刃朝向餐盘。在餐盘左侧摆餐叉，叉尖向上。

（3）摆面包盘、黄油刀。将面包盘放于餐叉左侧，面包盘中心与餐盘中心的连线应与餐桌边缘保持平行。黄油刀放在面包盘上，可与餐桌边缘垂直，也可与之平行。

（4）摆甜品勺、甜品叉。甜品勺与甜品叉应平行放在餐盘正上方，与餐桌边缘平行，甜品勺勺头向左，甜品叉叉尖向右。

（5）摆水杯。水杯应放在餐刀正上方，与餐刀相距 3 厘米。

（6）摆餐巾。叠好的餐巾折花摆放在餐盘正中，观赏面朝向客人。

（7）摆胡椒盅、盐盅等。

（三）西餐宴会摆台

西餐宴会摆台

西餐宴会餐台可以拼接，餐台大小和台形排法，可根据人数和餐厅面积进行布置，一般为长台。西餐宴会摆台常见台形如图 2 - 16 所示。

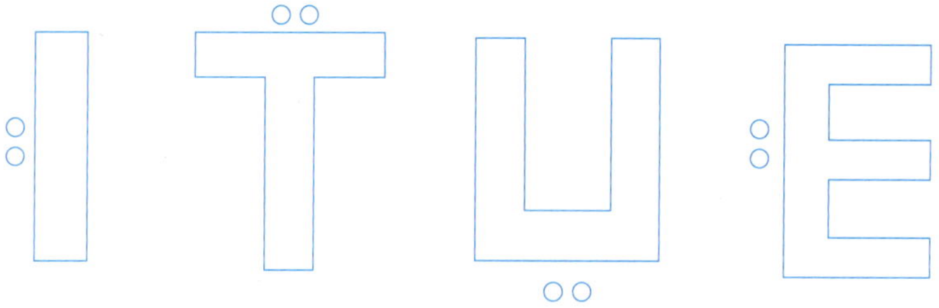

图 2 - 16　西餐宴会摆台常见台形

1. 西餐宴会座次安排

主人一般安排在面向餐厅正门的位置，第一、第二客人分别在主人和副主人的右侧。使用长台时，主人安排在长台正中位置或者长台顶端，具体排法如图 2 - 17 所示。使用圆桌则与中餐宴会座次安排相同。

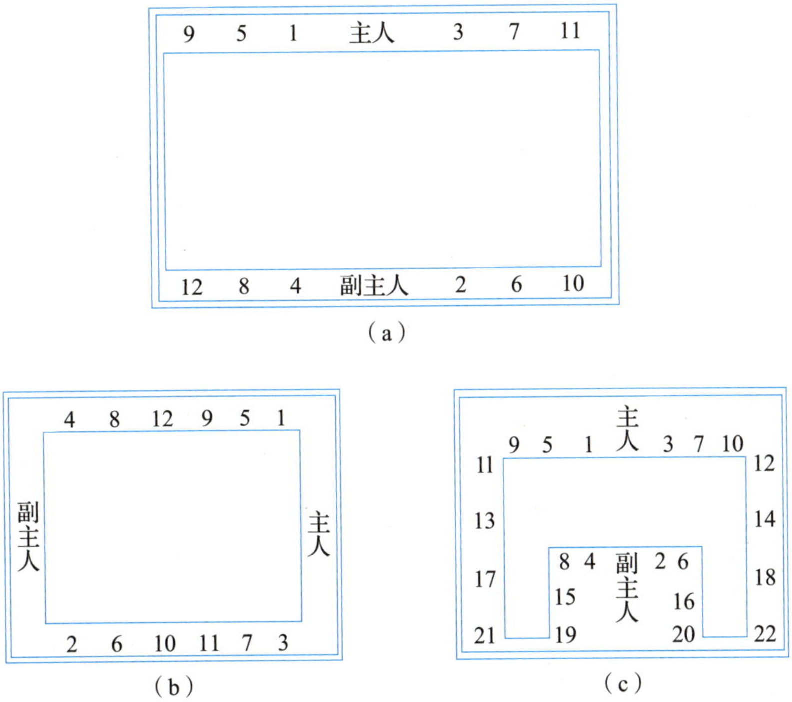

图 2-17　西餐宴会座次安排

2. 西餐宴会餐具摆放

西餐宴会餐具摆放，如图 2-18 所示。

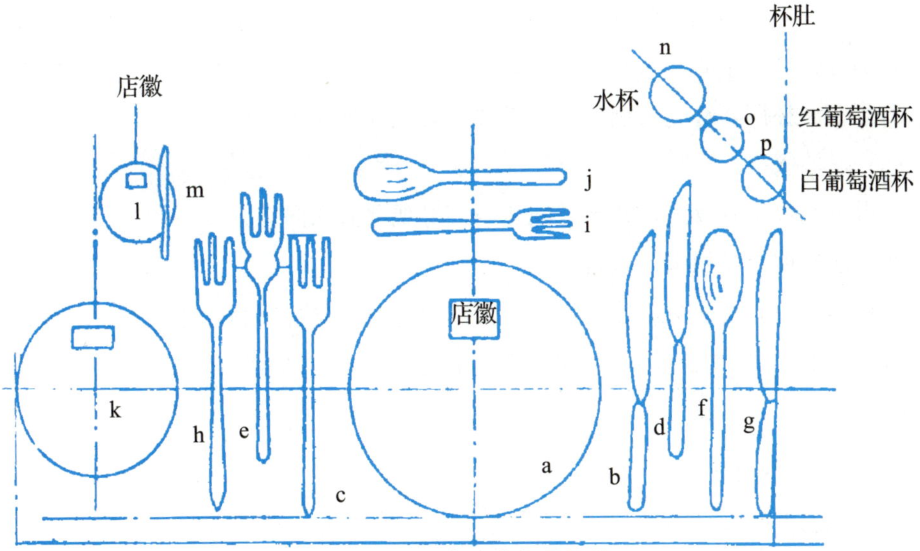

图 2-18　西餐宴会餐具摆放

a. 餐盘　b. 正餐刀　c. 正餐叉　d. 鱼刀　e. 鱼叉　f. 汤勺　g. 开胃品刀　h. 开胃品叉
i. 甜品叉　j. 甜品勺　k. 面包盘　l. 黄油刀　m. 黄油碟　n. 水杯　o. 红葡萄酒杯　p. 白葡萄酒杯

（1）摆餐盘。

从主人位开始，按顺时针方向用右手将餐盘摆放于餐位正前方，盘内的店徽图案要端正，盘边距桌边 1 厘米，餐盘间的距离要相等。

（2）摆面包盘、黄油碟。

餐盘左侧 10 厘米处摆面包盘。面包盘与餐盘的中心轴取齐。黄油碟摆放在面包盘右前方，距面包盘 3 厘米，店徽图案要端正。

（3）摆餐刀、叉、勺。

在餐盘的右侧按顺序依次摆放主刀（正餐刀）、鱼刀、汤勺、头盘刀（开胃品刀）。摆放时，应手拿柄端。主刀摆放于餐盘右侧 1 厘米，与餐台边呈垂直状，刀柄距桌边 1 厘米，刀刃向左，主刀右侧的鱼刀、汤勺、头盘刀，摆放间距为 0.5 厘米，汤勺、头盘刀手柄距桌边 1 厘米，鱼刀手柄距桌边 5 厘米。刀刃向左，勺面向上。

在餐盘左侧依次摆放主叉（正餐叉）、鱼叉、头盘叉（开胃品叉）。主叉与餐盘相距 1 厘米，叉柄距桌边 1 厘米。鱼叉柄距桌边 5 厘米，叉头向上。头盘叉叉面向上，叉柄与主叉柄平行。

在餐盘正前方依次摆放甜品叉、甜品勺。甜品叉与餐盘相距 1 厘米，叉尖朝右。甜品勺放在甜品叉的正前方，与甜品叉平行，勺头向左。

黄油刀放在面包盘上，刀刃向左，刀柄可与餐桌边缘垂直，也可朝右下方与面包盘水平线呈 45°角。

（4）摆酒具。

摆酒具时，需持酒具的杯托或杯底部。水杯摆在主刀的上方。红葡萄酒杯摆在水杯的右下方，杯底中心与水杯杯底中心的连线与餐台边成 45°角，杯子表面间距 1 厘米。白葡萄酒杯摆在红葡萄酒杯的右下方，其他标准同上。

（5）摆放餐巾。

餐巾折花放于餐盘内，花形搭配适当，将观赏面朝向客人。

（6）摆蜡烛台和胡椒、盐瓶。

西餐宴会一般摆两个蜡烛台，置于台布中线上、餐台两侧合适位置。胡椒、盐瓶在台布中线上按“左椒右盐”对称摆放，瓶壁间距 0.5 厘米，瓶底与蜡烛台台底距离 2 厘米。

（四）插花

1. 花材选择

宴会、商务场合可选帝王花、马蹄莲等大气的花材；下午茶适合洋桔梗、翠珠花等清新的花材。插花应选择新鲜的花材，轻触花瓣有弹性，切口颜色乳白色无黑边，茎秆能弯曲 15°不断裂的花材较为新鲜。

2. 工具与容器

（1）工具：花艺剪，剪枝时一般斜剪45度，方便插入花泥和吸水；打刺钳，用于给玫瑰等花材去刺；美工刀，可用来切花泥。

（2）容器：插花容器按材质分，磨砂玻璃适合极简风，搭配单支鹤望兰等；天青釉瓶适合新中式风格，可插折枝红梅等；藤编花篮适合田园风，可搭配喷泉草等。

3. 构图原则

（1）高低错落：花枝位置高低前后错开，避免在同一水平线上。

（2）疏密有致：花和叶不要等距离排列，同种花材分开插，不同花材搭配排列，前后错开，增加层次感。

（3）上轻下重：花苞在上、盛花在下，浅色在上、深色在下，使作品稳定且有层次感。

4. 色彩搭配

（1）同色系搭配：如浅粉、深粉等同色系搭配，营造和谐统一的氛围。

（2）邻近色搭配：如黄色和橙色、蓝色和绿色等相邻颜色搭配，柔和舒适。

（3）对比色搭配：如孔雀蓝与橙色搭配，鲜艳夺目，富有冲击力。

5. 花材固定

（1）剑山固定：将花材垂直插入剑山，再按要求倾斜，固定粗木本花材时需对底端剪劈或砸劈处理。

（2）花泥固定：花泥需自然吸水至深绿色，插花材时要“一步到位”，确定好花材长度、插入点、方向和深度，一般插入2～3cm。

任务五　迎宾准备

迎宾准备涉及餐厅日常卫生打理、餐具用品整理、摆台操作及餐前检查等诸多事宜。充分的迎宾准备是优质服务的开端，是餐厅良性运营的重要保障，也是餐饮服务流程中的重要环节之一。

一、餐前卫生

餐厅是否整洁美观，直接关系到宾客的身体舒适感和情绪体验。因此，餐厅服务员必须牢固树立卫生意识，这对提高酒店声誉、维护宾客身心健康意义重大。餐前卫生工作主要涉及就餐环境、设施设备、服务用品及服务人员个人等方面。

（一）餐饮环境准备

就餐环境是宾客挑选餐饮场所的重要考虑因素。如果宾客能在就餐前便感受到就餐场所的卫生、安全、幽静与轻松氛围，会心生愉悦，留下良好的初步印象。因此，服务员在开餐前须认真做好餐厅清洁工作，确保地面干净，工作台、餐桌、灯具、门窗、窗帘等完好无损、整洁有序。

（二）餐饮用具、用品准备

（1）检查工作台上所备餐饮用具、用品，包括托盘、叉、匙、刀、汤勺、垫碟、毛巾盘等是否干净、无破损，数量是否齐全，摆放是否整齐。

（2）检查酒水车是否运转正常，车上所备酒水是否符合订单要求，品种是否齐全。

（3）检查酒具准备情况，包括冰桶、冰桶夹、酒篮、酒壶、开酒器等。

（4）检查小毛巾的准备情况。

（5）检查调味瓶表面是否有渍印，出粉口、出料口是否通畅清洁，瓶装调味品是否新鲜。

（6）检查洗手间所有用品是否齐全，摆放是否到位。

（三）餐厅服务员个人卫生

（1）制服必须平整、干净。

（2）工牌佩戴在左胸上方。

（3）工作鞋须干净、整齐，统一着浅色袜子。

（4）头发须干净、无灰尘，不留怪异发型。男员工不留长发，女员工头发若过肩需束上。

（5）保持手和指甲干净，不留长指甲，不涂指甲油。

（6）女员工妆容以淡雅为宜，不可浓妆艳抹。

（7）工作期间不佩戴非必要的个人装饰物。

二、餐前准备

（一）准备工作台

工作台是餐厅服务的必备设备，装有服务员可能用到的各类工具。借助工作台，服务员既可以减轻摆台负担，又能避免频繁前往储藏室取物的麻烦。对于工作台的布置，应注意以下几点：

（1）所备物品依据“上轻下重、上小下大”的原则合理放置。刀、叉和勺放置在上层，较重的盘子和面包筐之类，放在工作台下层。

（2）遵循“相似物品不共格”原则，如肉刀和面包刀分格放置，中间用肉叉隔开。

（3）工作台除了摆放、贮存足量餐具、用具、毛巾等，还需备好酱油、醋、胡椒等常用调味品。

(4) 工作台布置应美观、精巧、整洁，使服务员一眼就能看到所需物品。

(5) 定期清洁工作台内部和外部，保持洁净。

(二) 准备用具、物品

1. 准备调味品

一般而言，餐厅需根据基本菜谱预先备好相应调味品，确保客人用餐时调味品瓶满量足。此项准备工作通常在开门营业前完成，但需随时检查、补充。

装调味品瓶的具体方法如下：

(1) 收集餐厅所有调味品瓶，置于大托盘中。

(2) 从储藏室取来待装的调味品，将其与干净抹布、一把茶匙（或咖啡匙）及一根调酒棍一起放在另一个大托盘里。

(3) 打开每一个待装的调味品瓶盖子，依次装入相应调味品，切勿混淆。用茶匙装调味品时，装到瓶身2/3即可。如果瓶口太小，可用调酒棍辅助装填。用抹布擦净瓶身外洒落的调味品。

(4) 将已经装好的调味品瓶分组排放整齐。

2. 准备洗手盅

餐厅部分菜肴需宾客直接用手辅助进食，此时需为宾客送上洗手盅并配以小毛巾，方便宾客清洗手指。

(1) 挑选干净无破损的洗手盅。

(2) 在洗手盅中注入一半温热的红茶水。

(3) 在红茶水中加一片柠檬。

(4) 将洗手盅放在带有外套的盘里。

3. 准备小毛巾

(1) 将洗涤过的小毛巾浸泡于热水中。

(2) 拧干小毛巾，从小毛巾一端向前推卷成圆柱形，或从小毛巾的两头向中间对折成长方形。

(3) 将折卷好的小毛巾按顺序整齐摆放在电毛巾炉内，盖好炉盖，打开电开关。

4. 准备菜单、酒单

(1) 确保菜单、酒单无破损、污渍。

(2) 在菜单扉页附上特色菜单或厨师长推荐菜品。

(3) 确保菜单、酒单数量充足，其数量通常为座位数的1/10。

5. 准备开胃小食

在备餐间备好开胃小食，用保鲜膜覆盖，整齐地摆放在调理台上。

6. 准备服务用具、用品

开餐前备好托盘，置于工作台固定位置；同时准备好笔、订菜单、收款夹、开瓶器等。

三、餐前检查

（一）台面及桌椅安排检查

（1）餐厅摆台要符合规格标准，餐饮用具、用品卫生必须达到标准。

（2）桌椅安置稳妥，保持清洁舒适，横竖排列均成一线。

（二）卫生检查

餐饮环境卫生、餐饮用具与用品卫生、餐饮服务人员个人卫生必须达到既定标准，发现问题，及时整改。

（三）工作台检查

要确保工作台清洁、卫生、整齐，台面上的服务用品、用具按餐厅规定标准摆放，内部贮存物品齐全充足。

（四）设施、设备状况检查

1. 照明设备检查

打开所有照明设备，如发现故障，立即通知工程部维修、更换；电话通知后补填维修单，保证开餐时间所有照明设备正常运作。

2. 空调运转检查

检查空调运转情况，保证餐厅温度适宜。

3. 背景音乐检查

打开背景音乐开关，检查设备运行情况，音量应调节到不打扰宾客交谈。

（五）宾客预订落实、检查

（1）所摆餐位符合预订人数。

（2）在宾客预订的餐桌上摆放“留桌”立牌。

（3）检查宾客预订用餐的具体时间。

（六）餐前服务人员仪容、仪表检查

开餐前，服务员根据《员工手册》中仪容、仪表相关要求，自行检查是否符合标准。

四、召集员工餐前例会

在服务员基本完成各项准备工作、餐厅即将开门营业前，召开员工餐前例会。具

体程序和内容如下：

（1）员工餐前例会在开餐前 30 分钟召开，由当班领班主持，全体当班人员必须准时参加。当班经理到场前，与会者要事先换好工作服，整理好仪容、仪表，保持良好的精神状态，不倚不靠，列队等候。

（2）当班经理到场后，根据班次表进行点名。

（3）领班检查全体员工的仪容、仪表是否符合规范，关注细节，如员工的指甲、鞋、袜等情况。

（4）领班根据预订记录通报当日客情，对服务员进行具体分工；向当班员工通告当日厨师长特别推荐菜品和蔬菜的名称、口味、基本制作方法、主料、配料以及缺菜品种等信息。

（5）当班经理总结昨日营业收入、宾客人数、服务中的经验与问题，尤其是宾客投诉情况；表扬服务出色的服务员；指出餐前准备检查中发现的问题；强调当日营业注意事项、VIP 宾客接待工作要求等。

餐前例会结束后，前后场工作人员迅速到岗，按照具体分工准备开餐。

复习思考题

1. 试述托盘时的手法、步法要领。
2. 餐巾折花主要有哪些手法？试述其不同的技法要领。
3. 中餐摆台的主要程序包括哪些？
4. 试述迎宾准备工作的主要环节和基本内容。

案例分析

在第一届全国技能大赛“餐厅服务”项目比赛中，代表上海出战的选手吴煜需要进行桌边服务，现场制作一道法式传统沙拉。他要向客人介绍菜品，并根据不同口味进行现场调配。这涉及放调料的先后顺序、控制蔬菜的出水量、分给每位客人的荤素菜肴以及摆盘等诸多细节。此外，在制作水果拼盘时，比赛规定不能用手触碰水果，吴煜需全程使用刀叉将橙子去皮去筋，再进行摆盘装饰，展示了精湛的桌边服务技能。

思考题：餐饮服务技能的核心要素有哪些？

项目三 餐饮对客服务技能

知识目标

1. 掌握就餐过程中领位、点菜、上菜等服务要领与技巧；
2. 了解斟酒的顺序及相关知识；
3. 熟悉餐后结账与送客的服务程序。

技能要求

1. 能够按照迎宾服务标准进行服务；
2. 能够根据客人的要求，规范、标准地进行边桌服务。

引导案例

马丽是某酒店西餐厅的领位员。一天午饭时间，一位先生走了进来。

“中午好，先生。请问您贵姓？”马丽微笑着问道。

“你好，小姐。你不必知道我的名字，我就住在你们酒店。”这位先生漫不经心地回答。

“欢迎您光顾。”马丽礼貌地问候。

“不知你们这里的头盘和大盆菜有些什么？”先生问道。

“我们的头盘有沙拉、肉碟、熏鱼等，大盆菜有猪排、牛扒、鸡、鸭、海鲜等。您要感兴趣可以坐下看看菜单。”马丽说道。

这位先生欣然同意，跟随她走向餐桌。“不，不，我不想坐在这里。我想坐在靠窗的座位，这样可以欣赏街景。”先生指着窗口的座位对马丽说。

“请您先在这里坐一下，等窗口有空位了我再请您过去，好吗？”马丽征求他的意见。

在征得这位先生的同意后，马丽又问他要不要些开胃品。这位先生点头表示赞同。马丽对一位服务员交代了几句便离开了。当马丽再次出现在这位先生面前，告诉他窗口有空位时，他正与同桌的一位女士聊得火热，并示意不换座位了，要赶紧点菜。马丽微笑着走开了。

【评析】

领位员的工作核心是“以顾客为中心”，通过标准化礼仪、精准需求响应、高效现场管理及跨部门协作，构建服务的第一环。领位员的服务质量直接影响顾客的用餐体验及对餐厅的整体印象。案例中马丽的服务体现了主动问候、需求跟进与应变调整的意识，在实际工作中还需强化客情记录的系统性、与团队的信息同步效率，以确保服务从“满足需求”升级为“超越预期”。

任务一　迎宾服务

客人进入餐厅前，会在餐厅领位台受到迎宾人员、领班或主管的热情接待。餐厅服务人员亲切的服务态度及诚挚的欢迎，是客人愉快用餐体验的开始。

一、迎宾服务程序与服务标准

餐厅有座位时的迎宾服务程序与服务标准，如表 3－1 所示。

表 3－1　餐厅有座位时的迎宾服务程序与服务标准

服务程序	服务标准
迎接客人	客人来到餐厅时，领位员应面带微笑，主动上前问好
领位	(1) 如果客人有预定，领位员应热情地引领客人入座；如果客人没有预定，领位员则礼貌地将客人引领到客人满意的餐台 (2) 引领客人时，应走在客人右前方 1 米处，且不时回头，把握好与客人的距离
拉椅让座	(1) 当领位员把客人带到餐台时，服务员应主动上前问好 (2) 为客人拉椅让座，具体操作为：站在椅背的正后方，双手握住椅背的两侧，后退半步的同时将椅子拉后半步，用右手作“请”的手势，示意客人入座；在客人即将坐下的时候，双手扶住椅背的两侧，用右腿顶住椅背，手脚配合将椅子轻轻往前送，使客人不用自己移动椅子便能恰好入座 (3) 拉椅、送椅的动作要迅速，力度要适中
送上菜单	(1) 领位员在开餐前应认真检查菜单，保证菜单干净整洁，无破损 (2) 按引领客人人数，拿取相应数量的菜单 (3) 在客人入座后，打开菜单的第一页，站在客人的右后侧，按先宾后主、女士优先的原则，依次将菜单送至客人手中
服务茶水	(1) 先询问客人喜欢何种茶，适当做介绍并告知价位 (2) 在客人的右侧按照先宾后主的顺序倒茶水，以 8 分满为宜 (3) 为全部客人倒完茶，将茶壶添满水后放在转盘上，方便客人自己添茶

续表

服务程序	服务标准
服务毛巾	(1) 根据客人人数从保温箱中取出小毛巾，放在毛巾篮中，毛巾要干净无异味 (2) 服务毛巾时，站在客人右侧，按女士优先、先宾后主的原则依次送上 (3) 热毛巾要抖开后放在客人手上，冷毛巾直接放在客人右侧的毛巾盘中 (4) 客人用过的毛巾，征求其同意后方可撤下
铺餐巾	(1) 依据女士优先、先宾后主的原则为客人铺餐巾 (2) 一般应在客人右侧为其铺餐巾，如果不方便（如一侧靠墙），也可以在客人左侧为其铺餐巾 (3) 铺餐巾时，拿起餐巾将其打开，右手在前、左手在后，将餐巾轻轻铺在客人腿上，注意不要把胳膊肘送到客人面前（左侧服务相反） (4) 如有儿童用餐，可根据家长的要求，帮助儿童铺餐巾
撤、加餐具	(1) 按用餐人数撤去多余餐具（如有加位则补上所需餐具），并调整桌椅间距 (2) 如有儿童就餐，需搬来加高童椅，并协助儿童入座
撤筷套	(1) 站在客人的右侧，用右手拿起带筷套的筷子，交与左手，用右手打开筷套封口，捏住筷子的后端并取出，将筷子并拢放在原来的位置 (2) 每次脱下的筷套都握在左手中，最后一起撤走
记录	在协助服务员完成上述服务后，领位员回到迎宾岗位，将客人人数、到达时间、台号等迅速记录在迎宾记录本上

餐厅满员时的迎宾服务程序与服务标准，如表 3-2 所示。

表 3-2　餐厅满员时的迎宾服务程序与服务标准

服务程序	服务标准
迎接客人	客人来到餐厅时，领位员应面带微笑，主动上前问好
服务	(1) 礼貌地告诉客人餐厅已满员，询问客人是否可以等待，并告知大约等待时间 (2) 若客人愿意等待，安排客人在休息处等待，为客人服务茶水；也可为客人送上菜单，提前让客人点菜 (3) 及时与餐厅沟通，了解餐位情况，以最快的速度为客人准备好餐台
领位	(1) 尽快将客人带到准备好的餐台前 (2) 引领客人时，应走在客人右前方 1 米处，且不时回头，把握好与客人的距离 (3) 如果客人已经点菜，应通知服务员尽快提供上菜服务
拉椅让座	(1) 当领位员把客人带到餐台时，服务员应主动上前问好 (2) 为客人拉椅让座，具体操作为：站在椅背的正后方，双手握住椅背的两侧，后退半步的同时将椅子拉后半步，用右手作“请”的手势，示意客人入座；在客人即将坐下的时候，双手扶住椅背的两侧，用右腿顶住椅背，手脚配合将椅子轻轻往前送，使客人不用自己移动椅子便能恰好入座 (3) 拉椅、送椅的动作要迅速，力度要适中

续表

服务程序	服务标准
送上菜单	(1) 领位员在开餐前应认真检查菜单，保证菜单干净整洁，无破损 (2) 按引领客人人数，拿取相应数量的菜单 (3) 在客人入座后，打开菜单的第一页，站在客人的右后侧，按先宾后主、女士优先的原则，依次将菜单送至客人手中
服务茶水	(1) 先询问客人喜欢何种茶，适当做介绍并告知价位 (2) 在客人的右侧按照先宾后主的顺序倒茶水，以 8 分满为宜 (3) 为全部客人倒完茶，将茶壶添满水后放在转盘上，方便客人自己添茶
服务毛巾	(1) 根据客人人数从保温箱中取出小毛巾，放在毛巾篮中，毛巾要干净无异味 (2) 服务毛巾时，站在客人右侧，按女士优先、先宾后主的原则依次送上 (3) 热毛巾要抖开后放在客人手上，冷毛巾直接放在客人右侧的毛巾盘中 (4) 客人用过的毛巾，征求其同意后方可撤下
铺餐巾	(1) 依据女士优先、先宾后主的原则为客人铺餐巾 (2) 一般应在客人右侧为其铺餐巾，如果不方便（如一侧靠墙），也可以在客人左侧为其铺餐巾 (3) 铺餐巾时，拿起餐巾将其打开，右手在前、左手在后，将餐巾轻轻铺在客人腿上，注意不要把胳膊肘送到客人面前（左侧服务相反） (4) 如有儿童用餐，可根据家长的要求，帮助儿童铺餐巾
撤、加餐具	(1) 按用餐人数撤去多余餐具（如有加位则补上所需餐具），并调整桌椅间距 (2) 如有儿童就餐，需搬来加高童椅，并协助儿童入座
撤筷套	(1) 站在客人的右侧，用右手拿起带筷套的筷子，交与左手，用右手打开筷套封口，捏住筷子的后端并取出，将筷子并拢放在原来的位置 (2) 每次脱下的筷套都握在左手中，最后一起撤走
记录	在协助服务员完成上述服务后，领位员回到迎宾岗位，将客人人数、到达时间、台号等迅速记录在迎宾记录本上

二、迎宾服务要点及注意事项

（一）迎接客人

(1) 礼貌热情地问候客人，可说：“中午好/晚上好，先生、女士，欢迎光临×××餐厅。”

(2) 询问客人是否有预定，如果客人没有预定，立即按需给客人安排座位。

(3) 协助客人存放衣物，提醒客人保管好贵重物品，将取衣卡交给客人。

(4) 引领客人进入餐厅时，要和客人保持 1 米的距离，四指并拢手心向上为客人指示方向，同时说“请跟我来”“请这边走”等。

（二）安排座位

(1) 一张餐桌宜安排同一批客人就座。

（2）根据一批客人的人数安排合适的餐桌。

（3）对于带儿童的客人，可安排在餐厅包房或靠里侧位置，以减少对其他客人的干扰。

（4）老年人或残疾人尽可能安排在靠餐厅门口的地方，以减少走动距离。

（5）年轻的情侣可安排在安静及景色优美的位置。

（6）服饰亮眼的客人可安排在餐厅显眼处，增添氛围。

（三）入座服务

（1）为客人提供毛巾和茶水服务。

（2）为客人铺好餐巾。

（3）撤筷套和多余餐具。

（4）及时送上菜单。

任务二　边桌服务

一、点菜服务

（一）了解中餐常见的烹调方法

（1）炒：将原料投入小油锅，在中旺火上急速颠翻、调味成菜。适用于经过加工处理的丝、片、丁、条、球等原料，是使用最广泛的烹调方法。常见方式有生炒、干炒、清炒、滑炒、爆炒、煸炒等，如滑炒虾仁。

（2）熘：用调制好的卤汁浇淋于炸或炒后的原料上，或者将炸或炒后的原料投入卤汁中搅拌。可分为脆熘、滑熘、醋熘、糟熘、软熘等，如醋熘鱼块。

（3）蒸：用蒸汽将经过调味的原料加热至熟或酥烂入味。这是一种使用较为普遍的烹调方法，还能用于原料初步加工和菜肴保温等，如清蒸鳜鱼。

（4）炸：将原料投入旺火加热的大油锅中使之变熟。其要求是火力旺、用油多。部分菜肴要炸两次以上。炸可分为干炸、软炸、酥炸、香炸等，如干炸响铃。

（5）烹：先用热油略炒，然后加酱油等作料搅拌。烹可分为炸烹和清烹，如炸烹里脊丝。

（6）烧：原料经炸、煎、水煮等加工成半成品，加适量汤水和调味品，旺火烧开，中小火烧透入味，再用旺火收汁。烧可分为红烧、白烧、酱烧、干烧等，如红烧鱼。

（7）煮：原料放入多量清水或鲜汤中，先用旺火煮沸，再用中小火烧熟。一般是汤菜各半，如煮干丝。

（8）焖：原料经炸、煎、炒或水煮后，加入清汤和调料，旺火烧开，加盖用微火长时间加热至熟。焖菜比烧菜汁多。焖可分为红焖、黄焖、葱焖等，如板栗焖鸡块。

（9）爆：原料放入旺火、中等油量的油锅中炸熟后，加调味汁翻炒而成。爆可分为酱爆、油爆、葱爆、盐爆等，如油爆大虾。

（10）烩：多种小型原料在旺火上用鲜汤和调料制成半汤半菜。烩可分为红烩和白烩，以白烩居多，如五彩素烩。

（11）汆：沸水下料，加调料，汤将开时撇净浮沫，用旺火速成。一般汤多菜少，口味清鲜脆嫩，如汆鱼圆。

（12）扒：原料经蒸或煮成半成品后，整齐地放入锅中，加汤和调料，旺火烧开，中小火烧透入味，再用旺火勾芡。扒可分为红扒、白扒、奶油扒等，如扒鸡。

（13）煨：质地较老的原料，加入调味品和汤汁，小火长时间加热至熟。煨制菜肴汤汁比烧、焖多，加热时间也长，如茄汁煨牛肉。

（二）了解客人口味及饮食需要

帮助客人点菜，首先要了解客人的饮食习惯和口味偏好。国内客人的口味特点是南甜、北咸、东辣、西酸。

在为客人点菜时，还必须注意客人的饮食禁忌，如伊斯兰教教徒忌猪肉；佛教徒吃素食；印度人忌食牛肉；欧美人不喜欢吃动物内脏、狗肉、鸽子肉；轻食者偏好低热量、低脂肪食品。

（三）点菜的程序

1. 征询点菜

当客人浏览完菜单后，服务员应立即上前询问：“请问现在可以为您点菜了吗？”

中餐点菜流程

2. 提供建议

介绍当日的特选菜，留意观察客人需求，用描述性语言介绍菜点，不可强行推销。要出于对客人的关心，帮助其选择，注意荤素搭配、分量适中。

3. 记录菜名

接受客人点菜时，保持站立姿势，身体微向前倾，认真清楚地记录客人所点菜品。

4. 重复菜名

点菜完毕，为了确保点菜内容无误，应重复客人所点菜品，由客人确认。

5. 礼貌致谢

点菜核实无误后，服务员应收回菜单，并向客人致谢："非常感谢，请稍等。"

案例

三斤重的清蒸鱼

许先生带客户到某星级饭店的餐厅品尝烤鸭，他为 8 个人点了 3 只烤鸭及十几道菜，其中包括一道"清蒸鱼"。由于忙碌，服务员忘记问客人要多大的鱼，就直接通知厨师加工。

一道道菜陆续上桌，客人们喝着酒水，品尝着鲜美的菜肴，颇为惬意。用餐接近尾声，桌上仍有不少菜，大家已酒足饭饱。这时，同桌的小康想起还有一道"清蒸鱼"没有上桌，忙催服务员快上菜。

鱼端上来后，大家都吃了一惊。好大的一条鱼啊！足有 3 斤重，这怎么吃得下呢？

"小姐，谁让你做这么大一条鱼啊？我们根本吃不下。"许先生说道。

"可您也没说要多大的呀？"服务员说。

"你们在点菜时应该问清楚客人要多大的鱼，加工前还应让我们看一看。这条鱼太大，我们不要了，请退掉。"许先生毫不退让。

"先生，实在对不起。如果这鱼您不要的话，餐厅要扣我的钱，请您多包涵。"服务员语气软了下来。

"这个菜的钱我们不能付，不行就找你们经理来。"小康说。

最后，服务员只好无奈地将鱼撤掉，并汇报领班，将鱼款划掉。

思考题：请分析服务员在点菜中的注意事项。

中餐上菜服务

二、上菜服务

（一）中餐上菜

1. 中餐上菜顺序

中餐根据菜系的不同，上菜顺序会稍有不同。一般先上冷菜用于佐酒，然后需视冷菜食用情况，适时上热菜，最后上汤菜、点心和水果。

2. 中餐上菜要求

（1）上菜时机：冷菜食用 1/2 时，送上第一道热菜。大桌菜肴较多，热菜宜在 30 分钟左右上完，小桌则应在 20 分钟上完。烹制时间较长的菜肴应提前告知客人。

（2）上菜位置：以第一主人为中心，从客人的左侧上菜、右侧撤盘。避免在第一主人或主宾的身边操作，以免影响客主之间的就餐与交谈。

(3) 端盘方法：拇指紧贴盘边，其余四指扣住盘子底部，拇指不应碰到盘边上部，避免留下手印或手指入盘，以防不卫生且显失礼。

(4) 热菜摆放：第一道热菜放在第一主人和主宾面前，尚未吃完的移向副主人一边，后续的菜可遵循同样原则。

(5) 图案摆盘：有孔雀、凤凰等图案的拼盘，正面朝第一主人和主宾，方便欣赏。

(6) 遵循传统：遵循“鸡不献头，鸭不献尾，鱼不献脊”的传统礼节，即在给客人上鸡、鸭、鱼一类的菜时，不要将鸡头、鸭尾、鱼脊面向主宾。鸡头与鸭头朝右放置。上整鱼时，由于鱼腹刺少、肉嫩味美，应将鱼腹朝向主宾，表示尊重。

(7) 特殊菜肴：

带佐料热菜：凡是上带有调味佐料的热菜，如烤鸭、烤乳猪、清蒸蟹等菜肴，调味佐料要与菜一同上桌并略作说明，切忌遗漏。

包裹类菜肴：上泥包、纸包、荷叶包的菜时，先让客人观赏，再送至工作台打开，分到餐盘。如果先行打开，会破坏菜品特色、温度和香味。

(二) 西餐上菜

1. 西餐上菜的基本要求

(1) 服务顺序：西餐上菜服务总体顺序是女主宾—男主宾—主人—一般来宾。

(2) 服务位置：服务员左手托托盘，右手拿叉匙，站在客人左侧服务。

西餐上菜服务

(3) 遵循原则：西餐菜肴上菜同样遵循“左上右撤”的原则，酒水饮料从客人右侧上桌。

2. 西餐上菜的方式

(1) 法式上菜：将菜肴放在客人面前的辅助服务台上进行最后的烹调，由两名服务人员同时服务，一名负责完成桌边的烹调制作，另一名负责为客人上菜。热菜使用加温的热盘，冷菜使用冷却后的冷盘。

(2) 俄式上菜：与法式上菜相近，但所有菜肴都是在厨房烹调完成后，用大托盘送到辅助服务台上，然后以顺时针方向绕台，将餐盘从客人右侧送上。

(3) 英式上菜：将盛装好菜肴的大餐盘放在宴会首席的男主人面前，由男主人将菜肴分入餐盘后递给站在其左侧的服务员，再由服务员分给女主人、主宾和其他宾客。各种调料与配菜摆在桌上，由客人自取并互相传递。

(4) 美式上菜：菜肴由厨房盛到盘子中，除了沙拉、黄油和面包，大多数菜肴盛在主菜盘中，遵循“左上右撤”的原则，菜肴从客人左侧送上，饮料酒水从客人右侧送上，用过的餐具从客人右侧撤下。

3. 西餐服务程序与服务标准

西餐服务程序与服务标准，如表 3-3 所示。

表 3-3　西餐服务程序与服务标准

服务程序	服务标准
上菜、分菜服务	(1) 熟练运用上菜及分菜服务技能 (2) 把握上菜时机，适时合理分菜
餐桌卫生清洁	(1) 时刻保持餐桌清洁卫生，出现杂物或空盘时，征得客人同意后及时撤换 (2) 如果餐桌上有剩余食物，要用专用的服务用具操作，不可用手直接操作
餐具、餐盘的撤换	(1) 及时撤下用过的餐具 (2) 撤换餐盘时，要待客人将盘中食物吃完方可进行，如果客人放下餐具而菜未吃完，应征得客人同意后才能撤换 (3) 按先宾后主的顺序依次撤换 (4) 使用托盘撤换时，先在客人左侧送上干净餐盘，再从客人右侧撤下脏盘，左手托托盘，右手撤餐具，动作要轻稳 (5) 徒手撤盘时，站在客人右侧，撤下餐盘后放入左手且手要移到客人身后
服务酒水	随时观察客人用酒水情况，在客人杯中酒水剩下不到 1/3 时，及时斟酒
加菜处理	(1) 服务员应细心观察分析，主动了解客人加菜意图。客人加菜的原因主要有：所点的菜品不够吃；想打包带走；喜爱某一道菜，想再品尝 (2) 主动介绍菜肴，协助客人选择 (3) 根据客人的需要开单安排下厨

小贴士

撤换餐盘的时机

(1) 在上翅、羹或汤之前，上一套小汤碗，待客人用餐完毕，送上毛巾，收回小汤碗并换上干净餐碟。

(2) 客人吃完带较多汁水的食物之后，应换上干净餐碟。

(3) 上甜品前，应该更换餐碟。

(4) 上水果之前，换上干净餐碟和水果刀叉。

(5) 残渣、骨刺较多或有其他脏污的餐碟，要随时更换。

(6) 客人不慎将餐具碰落在地时，要立即更换。

三、斟酒服务

斟酒服务

斟酒服务在餐厅服务工作中是很重要的一个环节，中餐、西餐都需要服务人员提供斟酒服务。服务人员要掌握正确的斟酒方法和相关的酒品知识，做到不滴洒、不满溢，满足客人需求。

（一）酒水准备与示瓶

1. 酒水冰镇

有些酒水的饮用温度需低于室温，应进行降温处理。名贵瓶装酒大都采用加冰块、加碎冰和冷藏等冰镇方法。

酒水冰镇的服务程序及效果图，分别如表 3-4 和图 3-1 所示。

表 3-4　酒水冰镇的服务程序

服务程序	工作步骤
准备	准备好需要冰镇的酒水及冰桶，将冰桶架放在餐桌一侧
冰镇	根据需要，选用以下方法中的任一种冰镇酒水： 方法一：冰桶中放入冰块，插入酒瓶，约 10 分钟即可达到冰镇效果，也可按客人要求调整冰镇时间 方法二：服务员手持酒杯下部，酒杯中放入冰块，摇转杯子为杯具降温 方法三：用冰箱冷藏酒水 注意：冰镇操作须在客人面前进行

图 3-1　冰镇酒水

2. 酒水加温

有些酒水的饮用温度需高于室温，应进行温烫处理。温烫有以下四种常用的方法：

（1）水烫，将酒事先倒入烫酒器，然后置入热水中升温。

（2）火烤，将酒装入耐热器皿中，置于火上烧烤升温。

（3）燃烧，将酒盛入杯盏内，点燃酒液来升温。

（4）冲泡，将沸滚的饮料（如水、茶、咖啡等）冲入酒液中，或将酒液注入热饮料中。

这四种方法中以水烫最为安全，其服务程序如表 3－5 所示。

表 3－5　酒水水烫方法的服务程序

服务程序	工作步骤
准备	准备暖桶、烫酒器和酒水，将暖桶架放在餐桌一侧
加温	在暖桶中倒入开水，将酒倒入烫酒器后放在暖桶中升温 注意：加温操作须在客人面前进行

3．示瓶

服务员在开启客人点的整瓶酒水之前，应先让客人验看。向客人示瓶有三个目的：一是表示对客人的尊重；二是保证酒水质量；三是避免与客人发生纷争。

示瓶的方法如下：服务员站于客人的右后侧，左手托瓶底，右手扶瓶颈，酒标朝向客人，供其辨认，经客人许可后，方能打开。

此外，餐厅服务员在为客人示瓶之前，须将酒瓶瓶身、瓶口擦干净，检查酒水质量及酒瓶是否有破裂，若发现问题应及时调换。

（二）开瓶

开瓶时，应握稳酒瓶，防止酒体晃动，否则汽酒会出现冲冒现象，陈酒会有沉淀物蹿腾现象。开瓶的声音要小。开瓶后，封皮、木塞、盖子等物不要直接放在餐桌上，可收于工作台上，离开时一并带走。

普通酒水开启瓶盖比较容易，但葡萄酒和香槟酒的开启应掌握正确的方法。下面介绍几种常用酒的开瓶方法。

1．葡萄酒

（1）先用洁净的餐巾把酒瓶包上。

（2）去掉瓶口部位的锡纸，并揩擦干净。

（3）将开瓶器的螺旋锥转入瓶塞，慢慢拔出瓶塞，再用餐巾将瓶口擦干净。

（4）在开瓶过程中，动作要轻，以免摇动酒瓶时瓶底的酒渣泛起，影响酒味。

2．香槟酒

香槟酒因瓶内有较大的气压，故软木塞的外面套有铁丝帽，防止软木塞被弹出。

（1）去掉瓶口的锡纸。

（2）用左手握住瓶身，以 45°的倾斜角拿酒瓶，拇指紧压软木塞，右手将瓶颈外面的铁丝圈扭弯，直到铁丝帽裂开，将其取掉。然后，左手紧握软木塞，右手转动瓶身，利用瓶内的气压逐渐将软木塞挤出。转动瓶身时，动作要既轻又慢。

（3）开瓶时，瓶口不要朝向客人，避免软木塞意外爆出。

3. 烈性酒

根据烈性酒的封瓶方式，主要有两种开瓶方法：

（1）如果酒瓶是塑料盖或外部包有一层塑料膜，开瓶时先用火柴将塑料膜烧熔取下，然后旋转开盖。

（2）如果酒瓶是金属盖，瓶盖下部常有一圈断点，开瓶时用力拧盖，使断点断裂即可开盖。如遇断点过于坚固难拧裂，可先用小刀划裂断点，再旋转开盖。

4. 罐装酒

（1）开启时拉起罐顶部小金属环即可。

（2）开启前避免摇晃。

（3）开启易拉罐时，应将开口方向朝外，不能朝向客人。

（三）斟酒

1. 斟酒方式

斟酒一般分为徒手斟酒和托盘斟酒。

（1）徒手斟酒。徒手斟酒又分为桌斟和捧斟。

1）桌斟，指客人将杯子留在桌上，服务员立于客人右侧，侧身用右手握酒瓶向杯中倒酒。斟酒时，瓶口与杯沿应保持 1～2cm 的距离，切忌将瓶口搁在杯沿上或高距离斟酒。

桌斟时，不同的酒斟酒量有别，过多过少都不适宜。斟完酒，持瓶的手应向内旋转 90°，同时离开杯子上方，使最后一滴酒留在酒瓶上而不滴落在桌上或客人身上。然后拿餐巾擦拭一下瓶颈和瓶口，再给下一位客人斟酒。

2）捧斟，指服务员站立于客人右后侧，右手握瓶，左手将酒杯捧在手中，向杯中斟酒。然后绕向客人的左侧将装有酒水的酒杯放回原来的杯位。捧斟方式一般适用于非冰镇处理的酒水。

（2）托盘斟酒。即将客人选定的酒水放于托盘内，服务员左手端托盘，保持平稳，根据客人的需要，右手依次将所需酒水斟入杯中。这种斟倒方法方便客人选用。

2. 斟酒量与斟酒顺序

（1）斟酒量控制。

1）中餐时斟倒各种酒水，以八分满为宜，以示对客人的尊重。

2）西餐时斟酒不宜太满，红葡萄酒斟至酒杯的 1/2 处，白葡萄酒斟至酒杯的 2/3 处。斟香槟酒分两次进行，先斟至酒杯的 1/3 处，待泡沫平息后，再斟至酒杯的 2/3 处。

（2）斟酒顺序。

1）中餐斟酒顺序。从主宾开始，按男主宾—女主宾—主人的顺序，以顺时针方向依次进行。如果是两位服务员同时服务，则一位从主宾开始，另一位从副主宾开始，以顺时针方向依次进行。

2）西餐斟酒顺序。西餐宴会用酒较多，几乎每道菜都搭配一种酒，吃什么菜饮什么酒，所以应先斟酒后上菜。其斟酒顺序为：女主宾—女宾—女主人—男主宾—男宾—男主人。

3. 斟酒的注意事项

（1）为客人斟酒不可太满，瓶口不可碰杯口。

（2）斟酒时，酒瓶不可拿得过高，以防酒水溅出杯外。

（3）因操作不慎将杯子碰倒时，应立即向客人表示歉意，同时在餐桌上酒水痕迹处铺上干净的餐巾。

（4）啤酒泡沫较多，斟倒时速度要慢，让酒沿杯壁流下以减少泡沫。

（5）客人祝酒讲话时，服务员要停止一切服务，端正肃立在适当位置，不可交头接耳。客人祝酒讲话即将结束时，要向讲话者送上一杯酒，供祝酒之用。

（6）主人离位或离桌去祝酒时，服务员要托着酒跟随主人身后，以便及时给主人或其他客人续酒。

（7）在宴会进行过程中，服务员要随时注意每位客人的酒杯，见到杯中酒水只剩下 1/3 时，应及时添加。

（8）斟酒时应站在客人的右后侧，右手斟酒。

（9）手握酒瓶时，应握酒瓶中下端，酒标朝向客人，便于客人看到酒标，还可适时向客人介绍酒水特点。

（10）斟酒时要留意瓶内酒量，以控制酒出瓶口的速度。瓶内酒越少，酒出瓶口的速度越快，易冲出杯外，所以要掌握好酒瓶倾斜度，让酒液徐徐注入酒杯。

任务三　结账与送客服务

一、结账服务

结账服务程序与服务标准，如表 3－6 所示。

表 3-6　结账服务程序与服务标准

服务程序	服务标准
结账准备	(1) 给客人上完菜后，服务员要到收银处核对账单 (2) 客人要求结账时，服务员应主动询问客人对剩余酒水的处理方式，请客人稍候，立即前往收银处 (3) 告知收银处收款台号，并核查账单台号、人数、菜品及酒水消费是否准确无误 (4) 将账单放入账单夹内，确保账单正面朝向客人 (5) 随身携带结账用笔
递交账单	走到买单人右侧，打开账单夹，右手持账单夹上端，左手轻托账单夹下端，递至买单人面前，请买单人检查，注意避免其他客人看到账单，并对买单人说："这是您的账单。"
收款	根据客人选择的结账方式（如现金、支票、信用卡、签单或微信、支付宝等），为其结清款项并及时送上发票、找零现金或信用卡签单，或请客人签认挂账单据

小贴士

不同结账类型的服务标准

1. 现金结账

现金结账适用于店外的零散客人和团队客人。其服务标准如下：

(1) 客人付现金时，服务员要礼貌地在餐桌旁当面点清钱款；

(2) 请客人稍候，将账单及现金送至收银处；

(3) 核对收款员找回的零钱及账单上联是否准确无误；

(4) 将账单上联及所找零钱夹在结账夹内，站在客人右侧呈递给客人；

(5) 在客人确定所找钱款正确后，服务员应迅速且礼貌地离开客人餐桌。

2. 支票结账

支票结账适用于大企业、大公司的长期包餐，或大型宴会、旅游团队用餐等情况。其服务标准如下：

(1) 请客人出示身份证或工作证及联系电话，然后将账单、支票及证件一并交给收款员；

(2) 收款员结账完毕后，记录证件号码及联系电话；

(3) 服务员将账单第一联及支票存根核对后送还给客人，并真诚致谢。

需注意的是，如果客人使用密码支票，应请客人说出密码并记录在纸上，结账后将账单第一联、支票存根、密码纸交予客人；如果客人使用旅行支票结账，服务员需礼貌地告诉客人到外币兑换处兑换成现金后再结账。

3. 信用卡结账

信用卡结账适用于零散客人。其服务标准如下：

（1）请客人稍候，服务员将信用卡和账单送回收款员处；

（2）收款员做好信用卡收据，服务员检查无误后，将收据、账单及信用卡夹在结账夹内；

（3）将账单、收据呈递给客人，请客人在账单和信用卡收据上签字，并检查签字是否与信用卡上一致；

（4）将账单第一联、信用卡收据中客人存根页及信用卡递还给客人，真诚感谢客人；

（5）将账单第二联及信用卡收据另外三联送回收银处。

4. 签单结账

签单结账适用于住店客人，与酒店签订合同的单位，酒店高层管理人员及酒店的 VIP 客人等。其服务标准如下：

（1）如果是住店客人，服务员在为客人送上账单的同时，递上书写用笔；

（2）礼貌地要求客人出示房卡；

（3）礼貌地示意客人写清房间号，并用楷书签名；

（4）客人签好账单后，服务员将账单重新夹在结账夹内；

（5）真诚感谢客人；

（6）迅速将账单送交收款员，以查询客人姓名与房间号码是否相符。

在结账服务过程中，应注意以下事项：

（1）把握结账时机，服务员不可催促客人结账，应由客人主动提出，以免给客人造成被赶的不良印象。

（2）要留意买单人，尤其是在散客结账时，务必分清由谁付款，如果搞错买单人，容易引起客人不满。

（3）账单递送要及时，不可让客人久等。

（4）在餐饮服务中，要保持始终如一的服务态度，结账阶段也要体现热情、礼貌的服务风范，切勿在客人结账后就停止服务、忙着撤台收拾，而应继续为其端茶倒水，询问其对服务的要求，直至客人离开。

二、送客与收尾服务

（一）送客服务程序与服务标准

送客服务程序与服务标准，如表 3－7 所示。

表 3－7　送客服务程序与服务标准

服务程序	服务标准
协助客人离开座位	（1）客人起身准备离开时，上前为客人拉椅 （2）客人起身后，向客人致谢并提醒客人勿遗漏物品
与客人道别	礼貌地与客人道别，诚恳欢迎客人再次光临
送客人离开餐厅	（1）走在客人前方，将客人送至餐厅门口 （2）当客人走出餐厅门口时，领位员或餐厅经理再次向客人致谢、道别 （3）领位员应帮助客人叫电梯，并在电梯到达后送客人进入电梯，目送客人离开 （4）正门处有车道的餐厅，领位员要帮助客人叫出租车，为客人开车门，目送客人坐车离开。雨天要为客人打伞
餐厅检查	（1）服务员立即回到服务区域再次检查是否有客人遗留物品 （2）如有遗留物品，尽快交还客人。若客人已经离开，要向餐厅经理汇报，将物品交到大堂副理处

在送客服务中，服务员应做到礼貌、耐心、周全，使客人满意。在服务过程中，应注意以下事项：

（1）客人不想离开时不能催促。

（2）客人离开前，如有未吃完的菜肴，在征求客人同意的情况下，要主动为客人将菜肴打包。

（3）重大餐饮活动的送客服务要隆重、热烈，服务员可列队相送，使客人感受到餐厅服务的真诚和温暖。

（二）撤台要求与服务标准

撤台的具体要求如下：

（1）零点撤台需在该桌客人离开餐厅后进行，宴会撤台必须在所有客人均离开餐厅后才能进行。

（2）收撤餐具要轻拿轻放，尽量不要发生碰撞声响。

（3）收撤餐具要为下道工序创造条件，如叠碗时大碗在下、小碗在上。

（4）撤台时，要把剩有汤或菜的餐具集中起来放置。

撤台的服务标准为：

（1）按摆台规范对齐餐椅。

（2）将桌面上的花瓶、调味瓶和台号牌收到托盘上，暂放于服务桌。

（3）用托盘收撤桌面上的餐具，收撤顺序为：银器、餐巾、瓷器、餐具、玻璃酒杯。

（4）桌面清理完毕，立即更换台布。

（5）使用转盘的餐桌，先取下已用过的转盘罩及转盘，然后更换台布，摆好转盘后，套上干净的转盘罩。

（6）用干净布巾把花瓶、调味瓶和台号牌擦干净，按摆台规范摆上桌面。

在撤台服务中，应注意以下要点：

（1）在4分钟之内清桌完毕；

（2）如发现客人遗忘的物品，应及时交给客人或上交有关部门；

（3）注意文明操作，保持动作沉稳，不要损坏餐具物品，也不应惊扰正在用餐的客人；

（4）注意保持周围的环境卫生，不要乱扔餐纸、杂物等；

（5）清桌完毕，应立即开始规范摆台，尽量减少客人的等候时间。

（三）收尾服务程序与服务标准

收尾服务程序与服务标准，如表3－8所示。

表3－8 收尾服务程序与服务标准

服务程序	服务标准
减少灯光	（1）营业结束，客人都离开后，服务员开始着手餐厅的清理工作 （2）关掉大部分的照明灯，只留适当的灯光供清场用
撤器具收布草	（1）先清理桌面，再撤走工作台上所有的器皿，送至洗碟机房清洗 （2）把布草分类送往备餐间（干净的与脏的要分开）
清洁	清洁四周护墙及地面，吸地毯，如有污迹，通知清洗部清洗
落实安全措施	（1）关闭水、电开关 （2）除员工出入口以外，锁好所有门窗 （3）由当值负责人做完最后的安全隐患复查后，填写管理日志 （4）落实厅面各项安全防患工作，锁好员工出入口的门之后方可离岗

复习思考题

1. 领位服务时，应注意哪些事项？

2. 试述葡萄酒与香槟酒的开瓶方法。

3. 点菜服务包括哪些服务环节？

4. 试述中餐与西餐的上菜顺序。

案例分析

一个深秋的晚上，三位客人在一家中餐厅用餐。他们在此已坐了三个多小时，仍没有去意。服务员心里很着急，想催他们赶快结账，但一直没有说出口。最后，服务员终于忍不住对客人说："先生，能不能先结账？如想继续聊天请到酒吧或咖啡厅。"

"什么！你想赶我们走？我们现在还不想结账呢。"一位客人听了服务员的话后非常生气，表示不愿离开。另一位客人看了看表，连忙劝同伴赶紧结账。那位生气的客人没好气地让服务员把账单拿来。看过账单，他指出有一道菜他们没点过，却算进了账单，要求服务员更正。服务员坚称账单没有错，菜已经上过了。几位客人却都说没有点过这道菜。服务员又仔细回忆了一下，发现是自己记错了，忙到收银员那里去改账。当服务员把改过的账单交给客人时，客人对她说："餐费我可以付，但你这服务态度，我们实在难以接受。请把餐厅经理叫来。"这位服务员听了客人的话后，感到非常委屈。其实，她在客人点菜和进餐的服务过程中并没有什么过错，只是想催客人早一些结账。

"先生，要是我的服务有问题，我向您道歉，就别找我们经理了。"服务员用恳求的口气说道。

"不行，必须找你们经理。"客人不依不饶。

服务员见事情无可挽回，只好找来餐厅经理。客人告诉经理，他们对服务员催促他们结账很生气。另外，服务员把费用多算了，认为服务员的态度有问题。

"这些确实是我们工作上的失误，我向大家表示歉意。几位先生想什么时候结账都行，结完账也欢迎你们继续在这里休息。"经理边说边让那位服务员赶紧给客人倒茶。在经理和服务员的一再道歉下，客人终于不再说什么，付了钱，仍面含余怒地离去了。

思考题：本例中的服务员在结账这个环节犯了哪些错误？

项目四 餐厅设计与餐饮服务质量控制

知识目标

1. 了解餐厅服务的主要环节，明晰各类服务方式及其具体服务方法；

2. 熟悉餐厅设计与布局要点，学习餐饮质量控制的具体方法。

技能要求

1. 熟练掌握餐厅设计布局的基本技能；

2. 熟练掌握餐厅服务经营管理的基本技能，具备餐饮部门经营战略策划、设计布局及服务质量控制与日常运作管理的能力。

引导案例

上海西郊宾馆作为有六十多年历史的国宾馆，接待过多批国内外名人政要。其在品质管理方面的一些做法值得借鉴。

1. 科学规范管理：充实完善管理体系，从多角度提升综合营收能力；强化作业流程规范，细化工作标准，实现管理制度化、流程规范化等。

2. 创新经营模式：打造“西郊游园荟”，推出多样化主题活动，提供多元化产品，覆盖更多市场需求。

3. 工作模式求新求变：借助短视频平台，成立内容创意小组；打造“环境＋阳光”品牌综合服务产品；打造租赁别墅综合生活圈。

4. 拓宽服务理念：坚持服务质量自查互查相结合，依托常态化管理，及时整改问题。

【评析】

上海西郊宾馆通过完善管理体系、创新经营模式，使服务质量有了坚实的制度保障，有效提升了品牌知名度与市场竞争力，客房出租率和餐厅上座率不断走高。其坚持服务质量自查互查相结合的常态化管理，能够及时发现并解决问题，保障服务质量的稳定性，提升了宾客入住体验。

任务一 餐厅设计与布局

一、餐厅的设计要求

餐厅的设计要遵循经济、安全、高效的原则，确保餐厅运营既合理利用资源，又保障客人与员工安全，同时提升服务效率。

餐厅设计应满足餐饮服务功能的需要，具体要求有：

（1）在餐厅入口处设立收银员、领位员柜台，有效管控人员进出，便于结账收款，同时设衣帽间，提升客人便利性。

（2）将餐厅分为若干小区，在营业低谷时可以灵活关闭部分小区，合理节约运营成本。

（3）餐桌要有大小不同的规格，以便招待人数不同的各批客人。

（4）10%的座位要设计成卡座式，供单身顾客或情侣使用，提升用餐私密性与舒适度。

（5）餐厅里应设食品陈列柜，展示特色菜品或食材，以吸引客人目光。

（6）大约每 100 个座位设一个服务台，方便为客人提供服务。

（7）安装可变灯光调节装置，以便营造不同的用餐气氛。

二、餐厅的布局

（一）空间设计

餐厅空间设计应根据餐厅实际大小规划，统筹兼顾各部门空间需求，充分考虑客人的安全性、便利性，以及营业各环节的操作效能等因素，注重全局与部分之间的和谐、对称，营造独特风格情调，使客人一进餐厅就能感受到形式美与艺术美。餐厅的空间设计涵盖以下几个方面：

（1）流通空间，包括通道、座位等。

（2）管理空间，包括服务台、办公室等。

（3）调理空间，包括配餐间、展示厨房等。

（4）公共空间，包括休息室、就餐区、洗手间等。

（二）平面设计

餐厅的平面设计要根据厨房的要求、各室（如多功能厅、雅座、单间等）种类及数量而定。现代餐厅的平面设计大致分两类：一类是传统的封闭式厨房餐厅，就餐区和厨房分离；另一类是开放式的厨房餐厅，厨房向客人开放展示，目前这一类越来越受到客人欢迎。

（三）空间分隔方式

（1）软隔断分隔：用垂珠帘、纬幔、折叠垂吊帘等分隔餐厅，适用于高档餐厅。

（2）通透隔断分隔：利用挂落、落地罩、屏风式博古架、花窗墙等，将大餐厅分隔成若干个雅座，彰显文化气息。

（3）列柱、翼墙分隔：为满足特定空间需求设置，给人稳定、厚重的感觉。

（4）灯具分隔：用灯具对餐厅空间进行分隔，营造隔而不断的特殊效果，既保持空间整体感，又在顾客心理上形成分隔，而且空气流通良好、视野开阔，是西餐厅和酒吧室内环境设计的常用手法。

（5）矮墙分隔：矮墙分隔除了具有灯具分隔的诸多优点外，还让就餐者在心理上产生一种自我保护感，既享受大空间的共融性，又保有一定的心理私密性。

（6）升降高程划分：将餐厅室内的地面标高局部提高或下降，用台阶作为联系的通路。一般升高程用得较多，通过突出地面来暗示不同空间区域。

（7）植物分隔：利用植物分隔空间，不仅可以限定功能区域、阻挡视线，围合成相对私密的空间，还能赋予空间生机。植物隔而不断，使空间保持其完整性和开敞性，还可以调节室内空气、温湿度，改善小气候，提升舒适度。

（8）装饰物分隔：放置装饰物可以暗示空间的转换，如花架等，不会阻碍视线但限制行动，不仅能起到分隔空间的作用，而且丰富室内的空间层次。

三、餐厅的通道

（一）通道设计

通道是指餐厅的流动空间，包括出入口、室内客人和员工行走的通道、餐厅和厨房的连接通道及安全消防通道等。通道设计应以顺畅、安全、便利为原则，不可一味追求盈利空间而忽视通道布局。

设计餐厅的人员流向通道，必须充分考虑以下三个因素：

（1）员工操作空间：注重便利性、安全性。

（2）客人活动空间：强调舒适性、伸展性。

（3）人体工学要求：体现科学性、针对性。

以自助餐厅为例，餐桌间让客人入座、行走的最起码通道尺寸如图 4－1 所示。由此可见，餐厅通道中，1 个人舒适行走需要 95cm 宽，2 个人舒适行走需要 135cm 宽。

（二）动线安排

1. 客人动线

客人动线应以从大门到座位之间的通道畅通无阻为基本要求，一般宜采用直线，避免迂回曲折使客人产生混乱感。

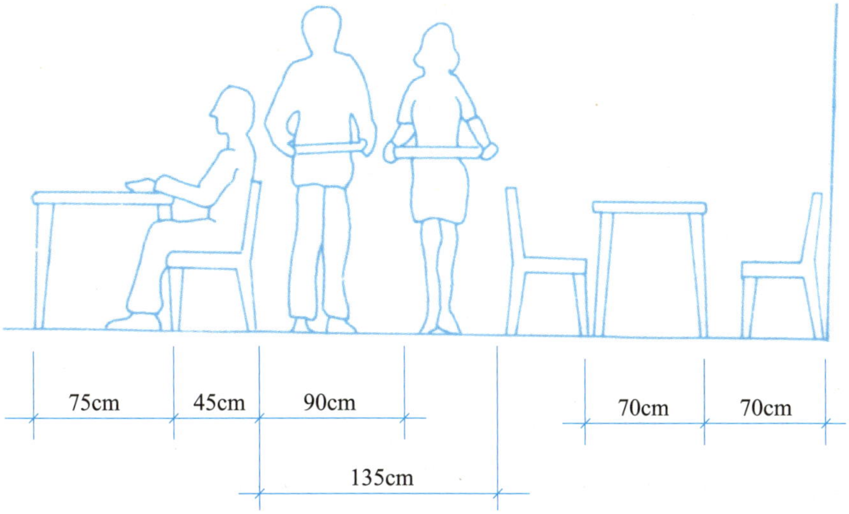

图 4-1　餐桌间让客人入座、行走最起码的通道尺寸

2. 服务人员动线

服务人员动线长度对工作效率有直接影响，原则上越短越好。

安排服务人员动线时，应注意一个方向的作业动线不要太集中，尽量减少不必要的曲折。可以设置区域落台，既可存放餐具，又有助于服务人员缩短行走路线，如图 4-2 所示。

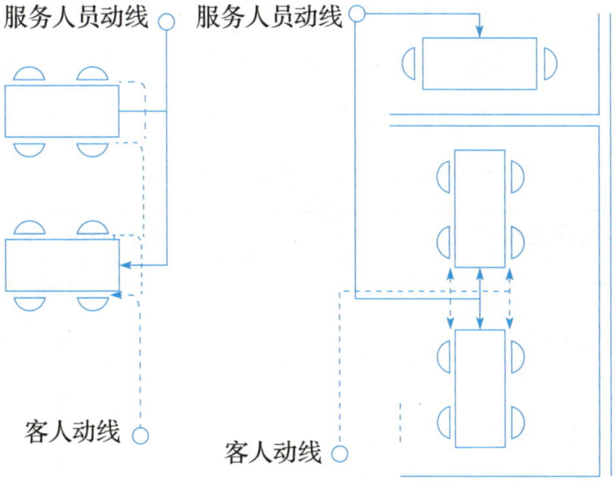

图 4-2　服务人员动线图

四、餐厅的面积和餐位数

旅游酒店的餐厅面积和餐位数，取决于旅游酒店的市场定位、服务类型、设施规模及餐饮经营在旅游酒店总体经营中的地位和作用等因素。按照国际惯例，各类旅游酒店餐饮经营场所服务设施的面积占旅游酒店总面积的 5%～12%，但餐饮经营场所

的面积和餐位数的确定标准与方法不尽相同。

（一）餐厅面积指标

餐厅面积指标受多种因素影响：圆形餐台比方形餐台所需面积指标要高；小型餐厅由于出入口人多，平均面积指标较大型餐厅高；主题酒吧、主题餐厅因增加特色服务吸引物，面积指标偏高；雅间、单房受四面墙壁约束，面积指标也较高。

（二）餐位数

1. 根据酒店客房数决定餐位数

（1）休闲度假型、会议中心型旅游酒店的餐位数：客房数∶餐位数为1∶（1.5～2）。

（2）商务型酒店的餐位数：客房数∶餐位数为1∶（0.5～1）。

（3）酒吧、酒廊等酒水服务场所的餐位数：客房数∶餐位数为1∶（0.25～0.5）。

例如，一座有380间客房的城市中心商务型旅游酒店的餐位数应分配如下：

餐厅：380间×0.8位/间＝304位

酒吧：380间×0.5位/间＝190位

2. 根据餐饮销售额和客流量的预测决定餐位数

在市场调查的基础上，明确餐厅的类型、规模，合理进行市场定位并制定菜单，根据餐饮销售收入和客流量预测来确定餐位数。

餐厅的档次、餐饮品风格（如中餐、西餐等）、餐饮经营形式（如大型宴会厅、普通中餐厅、快餐厅、自助餐厅、咖啡厅等）、餐饮服务形式（如宴席服务、自助餐服务等）不同，餐位面积有较大差异，如表4-1所示。

表4-1 餐厅类型与餐位面积

餐厅类型	餐位面积（平方米/餐位）
大型豪华宴会厅	1.8～2.5
大型宴会厅	1.5～2.0
普通中餐厅	1.2～1.5
豪华中餐厅	1.5～2.0
法式餐厅	1.8～2.5
美式餐厅	1.2～1.5
自助餐厅	1.2～1.7
咖啡厅	1.5～1.8
酒吧	1.2～1.4
快餐厅	1.1～1.4

五、餐厅的家具

（一）餐台

1. 方台

方台规格常见的有85cm见方、90cm见方、100cm见方或110cm见方，高度为75cm。方台的使用功能多样，既可以当圆桌面的桌腿，又可以拼成会议桌、中心菜台、酒吧台、水果台、点心台等。

2. 圆台

圆台分为大小两种：直径110cm左右的小圆台可设4～6个座位；直径150cm以上的大圆台可设8～12个座位。圆台大小与座位数量有关，一般以每人占60cm边长为下限，否则就显得拥挤。圆台最小尺寸计算公式如下：

圆台最小直径＝60×座位数/3.14

3. 长台

西餐厅多采用方台和长台。长台分为两种：长的一种长度为170cm，是两张方台长度，宽度为42.5cm，是方台宽度的一半；短的一种长度为127.5cm，相当于一张半方台的长度，宽度为42.5cm，是方台宽度的一半，高度均为75cm。这种长台必要时可与方台并拢，拼成长餐桌。长餐桌的规格，如表4-2所示。

表4-2　长餐桌的规格（高度为72～76cm）

人数（人）	宽度（cm）	长度（cm）
2	60～65	72～85
6	75～90	130～160
8	80～100	160～180
10	80～100	175～205

4. 转台

10人座以上的圆桌，一般都配有转台。转台底座内装有滚球轴承，菜点摆放其上，拨动时菜点会转动到客人面前。根据圆桌桌面的大小，可分别使用不同规格的转台，其直径一般为70～150cm。

5. 落台

落台既是储藏柜又是工作台，柜内存放餐具，柜面用于上下菜时暂放酒水、菜品。常用落台的规格为长100cm、宽48cm、高80cm。

（二）餐椅

餐厅餐椅要与餐厅整体风格相协调，常见类型有木椅、钢木结构椅、扶手椅、儿童椅、其他特殊椅等。

（三）其他家具

1. 酒柜

餐厅一般都设有条形酒柜或立式玻璃酒柜，用于陈设各种酒类和菜肴样品，起到推荐作用，同时与餐厅整体布局融为一体，起到装饰效果。酒柜宜放在餐厅显眼处，便于客人观赏和挑选，其规格和样式依餐厅整体布局而定。

2. 沙发和茶几

在高规格的宴会厅旁边常设有休息室，沙发和茶几是餐厅休息室的必备家具。沙发的种类较多，应根据休息室的等级和豪华程度，选用不同沙发。沙发靠背倾斜角度在92°～98°较合适。茶几主要用于摆放饮料、茶具等物品。

任务二　餐饮服务质量控制

一、餐饮服务质量控制的内容

餐饮服务是有形产品和无形产品的有机结合，餐饮服务质量则是有形产品质量和无形产品质量的完美统一。有形产品质量是无形产品质量的凭借和依托，无形产品质量是有形产品质量的完善和体现，两者相辅相成。对有形产品和无形产品质量的控制，即构成完整的餐饮服务质量控制的内容。

（一）有形产品质量控制

有形产品质量控制是指对餐饮部门提供的设施设备、实物产品及服务环境等的质量进行的控制。有形产品质量主要满足客人物质上的需求。

1. 餐饮设施设备质量控制

餐饮设施设备是餐饮部门赖以存在的基础，是餐饮服务的依托，反映出一家餐厅的接待能力。因此，要对餐饮设施设备的质量进行控制。

（1）客用设施设备，也称前台设施设备，是指直接供客人使用的设施设备，如餐厅、酒吧的各种设施设备等。客用设施设备要求做到设置科学，结构合理；配套齐全，舒适美观；操作简单，使用安全；完好无损，性能良好。

其中，客用设施设备的舒适程度是影响餐饮服务质量的重要方面。舒适程度一方面取决于设施设备的配置，另一方面取决于对设施设备的维修保养。因此，保持设施设备的完好率及正常运转，充分发挥其效能，是餐饮服务质量控制的重要组成部分。

（2）供应用设施设备，也称后台设施设备，是指餐饮经营管理所需的生产性设施设备，如厨房设备等。供应用设施设备要求做到安全运行、保证供应，否则也会影响餐饮服务质量。

2. 餐饮实物产品质量控制

餐饮实物产品可直接满足客人的物质消费需求，其质量控制也是餐饮服务质量控制的重要组成部分。餐饮实物产品质量控制通常包括：

（1）菜点、酒水质量控制。

不同的客人对饮食有不同的要求，如有的客人为了满足其新奇感而品尝名菜佳肴，有的客人只为了寻求符合口味的食品而喜爱家常小菜。但无论哪种客人，他们通常都希望饮食产品富有特色和文化内涵，要求原料选用准确，加工烹制精细，产品风味适口等。另外，餐饮部门还必须保证饮食产品的安全卫生。菜点、酒水质量控制是餐饮实物产品质量控制的重要构成内容，要求做到以下几点：

1）合理安排菜肴品种，能满足客人多类型、多层次的消费需求。

2）根据餐厅的档次、接待对象的消费需求，选择适宜的菜品风味和花色品种，保证菜点的营养成分。

3）选择的花色品种应和厨房烹调技术、原料供应、生产能力相适应。

小贴士

通常情况下，零点餐厅花色品种不少于 50 种，自助餐厅不少于 30 种，咖啡厅不少于 35 种，套餐服务不少于 10 种。产品应类型多样，冷菜、热菜、面点、汤类、甜食齐全，各产品高、中、低档比例合理。

（2）客用品质量控制。

客用品也是餐饮实物产品的一个组成部分，它是指餐饮经营场所直接供客人消费的各种用品，包括一次性消耗品（如牙签等）和多次性消耗品（如棉织品、餐具、酒具等）。客用品质量应与旅游酒店星级相适应，避免提供劣质客用品。餐厅提供的客用品数量应充裕，能够满足客人需求，而且供应及时。另外，餐厅还必须保证所提供客用品的安全与卫生。

客用品质量控制，要求做到以下几点：

1）各种餐具配套齐全，种类、规格、型号统一；质地优良，与餐厅营业性质、等级规格和接待对象相适应；新配餐具和原配餐具规格、型号一致，无拼凑现象。

2）餐巾、台布、香巾、牙签、开瓶器、打火机、火柴等各种服务用品配备齐全，酒精、固体燃料、鲜花、调味用品适应营业需要。

3）筷子清洁卫生，无掉漆、变形及明显磨损痕迹。

(3) 服务用品质量控制。

服务用品质量控制是指对服务人员使用的各类用品（如托盘等）的质量控制。高质量的服务用品是提高服务效率、满足客人需求的前提条件，也是提供优质服务的必要条件。

服务用品要求品种齐全、数量充裕、性能优良、使用方便、安全卫生。管理者对此应予以高度重视，否则餐厅难以为客人提供优质的服务。

3. 服务环境质量控制

服务环境质量是指餐饮设施营造的服务气氛给客人带来感官上的享受和心理上的满足，主要包括独具特色的餐厅建筑和装潢，布局合理、便于使用的餐饮服务设施，洁净无尘、温度适宜的餐饮环境以及仪表仪容端庄大方的餐饮服务人员。这些元素共同构建起餐厅所特有的环境氛围，既能满足客人的物质需求，又可满足其精神享受需求。

通常，对服务环境布局的要求为整洁、美观、有序、安全。设备配置要齐全舒适、安全方便，各种设备的摆放地点和通道尺度要适当，运用对称和自由、分散和集中、高低错落对比和映衬及借景、延伸、渗透等装饰布置手法，形成美好的空间构图形象。同时，要做好环境美化工作，主要包括合理选择运用装饰布局的色彩，精心设计窗帘、天花板、墙壁的装饰，妥善选择和运用盆栽、盆景。在此基础上，充分展现出餐厅独特鲜明的文化品位。

（二）无形产品质量控制

无形产品质量控制是指对劳务服务质量进行控制。无形产品质量主要是满足客人心理与精神上的需求。如餐厅服务员有针对性地为客人介绍其喜爱的菜肴和酒水，前厅问询员圆满地回答客人关于餐厅内各种服务项目的询问，都会使客人感到愉快和满意。

无形产品质量控制主要包括餐饮价格、安全卫生及服务人员的仪容仪表、礼貌礼节、服务态度、服务技能、服务效率控制等方面。

1. 餐饮价格控制

价格合理包括两方面：其一，产品和服务按市场价值规律制定相应的价格；其二，客人花费一定金额，应享受与之匹配数量和质量的产品或服务。如此，方能实现经济效益和社会效益的双赢。

2. 安全卫生控制

餐饮安全是客人就餐时首要考虑的问题，因此，餐饮部门要高度重视安全问题，营造安全的氛围，给客人带来心理上的安全感。

餐饮清洁卫生主要包括餐厅各区域清洁卫生、食品饮料卫生、用品卫生、个人卫生等。餐饮清洁卫生直接关乎客人健康，是优质服务的基本要求。餐厅要制定明确的清洁卫生规程和检查保障制度。清洁卫生规程要详细规定设施用品、服务人员、食品饮料等在生产、服务操作各环节的清洁卫生要求。在执行清洁卫生制度方面，要坚持常规检查和突击检查相结合，实现清洁卫生工作制度化、标准化、常态化。

3. 仪容仪表控制

餐厅服务员必须着装整洁规范、举止优雅大方、面带笑容。上岗前须洗净头发并梳理整齐，剪好指甲；保持口腔清洁，口气清新；胸牌佩戴位置统一，不戴过多饰物；女性妆容淡雅。

4. 礼貌礼节控制

餐厅服务员直接为客人服务的特性，使礼貌礼节在餐饮管理中备受重视。餐饮服务中的礼貌礼节，通过服务人员的语言、行动等展现。餐厅服务员要讲究体态语言，举止合乎规范，彬彬有礼，友善好客，为客人营造宾至如归的亲切感。

小贴士

礼貌，是人际交往中相互表达尊重和友好的行为规范，体现时代风格和人的道德品质。礼节，是日常生活和交际场合中，相互问候、致意、祝愿、慰问以及给予必要协助和照料的惯用形式，是礼貌的具体呈现。

5. 服务态度控制

（1）面带微笑，主动向客人问好。如有可能，尽量称呼客人姓氏。

（2）主动接近客人，但要保持适当距离。

（3）含蓄冷静，任何情况下都不急躁。

（4）遇到客人投诉，按处理程序应对，态度和蔼，以理解和谅解的心态处理问题。

6. 服务技能控制

服务技能是餐饮部门服务水平的基本保障和重要标志，指餐厅服务人员在不同场合、不同时段，为不同客人提供服务时，能根据实际情况灵活运用操作方法和作业技巧，以取得最佳服务效果所展现出的能力。

服务技能的高低取决于服务人员的专业知识和操作技术，要求其掌握丰富专业知识，具备娴熟操作技术，并能根据具体情况灵活应变，为客人提供具有艺术性与美感的服务。如果服务人员没有过硬的基本功，服务技能欠佳，即使态度良好、笑容甜美，也可能遭客人婉拒。服务人员只有熟练掌握服务技能，才能确保餐饮服务符合标准，保证服务质量。

7. 服务效率控制

餐饮服务效率分为三类：其一，用工时定额来表示的固定服务效率，如摆台用 5 分钟等；其二，用时限来表示的服务效率，如办理结账手续不超过 3 分钟；其三，有时间概念，没有明确的时限规定，靠客人的感觉来衡量的服务效率，如点菜后多长时间上菜等，若客人等候时间过长，很容易产生烦躁心理，进而直接影响客人对餐厅的印象和服务质量评价。

小贴士

服务效率并非仅指快速，还强调适时服务。服务效率是指在服务过程中的时间概念和工作节奏，应根据客人的实际需要灵活掌握，要求在客人最需要某项服务前即时提供。服务效率不但反映服务水平，而且反映管理水平和服务员素质。

上述有形产品质量控制和无形产品质量控制的最终成果是客人满意度高。客人满意度是指客人享受餐饮服务后的感受、印象和评价，是餐饮服务质量的最终体现，也是餐饮服务质量控制的目标。客人满意度的高低主要取决于餐饮服务内容是否契合客人需求，能否为客人带来享受感。餐饮管理者重视客人满意度，自然也必须重视餐饮服务质量控制的构成内容。

二、餐饮服务质量控制的方法

（一）控制的基础

1. 必须建立服务规程

服务规程是餐饮服务应达到的规格、程序和标准。为了保障和提高服务质量，应将服务规程视为工作人员应当遵守的准则和服务工作的内部规范。餐饮服务规程必须根据消费者生活水平和服务需求特点制定，如西餐厅服务规程要适应欧美宾客的生活习惯。另外，还要考虑市场需求、酒店类型、酒店等级、酒店风格及国内外先进水平等因素，并结合具体服务项目内容和特点，制定出适合本酒店的标准服务规程。

需要注意的是，在制定服务规程时，不能照搬其他酒店的服务程序，而应在广泛吸取国内外先进管理经验、接待方式的基础上，紧密结合本酒店多数客人的饮食习惯和本地风味特色，推出全新服务规范和程序。同时，要注重服务规程的执行和管控，特别要注意抓好各服务过程中的薄弱环节，以服务规程统一各项服务工作，实现服务质量标准化、服务过程程序化和服务方式规范化。

2. 必须收集质量信息

餐饮管理人员应该了解服务结果，即客人对餐饮服务的满意度及意见建议等，从而采取改进服务、提高质量的措施。同时，应根据餐饮服务目标和服务规程，通过巡视、定量抽查、统计报表、听取客人意见等方式，收集服务质量信息。

3. 必须做好员工培训

新员工上岗前，必须接受严格的基本功训练和业务知识培训，严禁未经职业技能培训、未取得上岗资格的人员上岗操作。对在职员工，必须利用淡季和空闲时间开展培训，以不断提高其业务技术、丰富业务知识，最终达到提高员工素质和服务质量的目的。

（二）服务质量分析

1. 质量问题分析

（1）收集质量问题信息。

（2）对信息进行汇总、分类和分析。

（3）找出存在的质量问题。

2. 质量问题原因分析

（1）讨论分析产生问题的各种原因。

（2）罗列找到的各种原因，确定主要原因。

3. PDCA 管理循环

找出服务质量问题并分析原因后，下一步需探寻解决问题的措施与方法。这就需要运用 PDCA 管理循环。

PDCA 管理循环是指按计划（Plan）、实施（Do）、检查（Check）、处理（Action）这四个阶段进行管理，并循环往复的一种科学管理方法。PDCA 循环转动的过程，就是质量管理活动开展和提高的过程。

（三）服务质量控制的具体方法

1. 餐饮服务质量的预先控制

（1）人力资源的预先控制。

（2）物资的预先控制。

（3）卫生质量的预先控制。

（4）事故的预防控制。

2. 餐饮服务质量的现场控制

（1）餐饮物资供应的质量管理。

（2）设施的质量管理。

（3）安全的质量管理。

（4）卫生的质量管理。

（5）环境的质量管理。

（6）质量信息的管理。

（7）对客服务的质量管理。

3. 餐饮服务质量的反馈控制

所谓反馈控制，就是通过餐饮服务质量信息的反馈，找出服务工作在准备阶段和执行阶段的不足，采取措施加强预先控制和现场控制，提高服务质量，使客人更加满意。

信息反馈系统由内部系统和外部系统构成。内部系统信息来自服务员和经理等有关人员。因此，每餐结束后，应召开简短的总结会，以不断改进服务质量。外部系统信息来自客人。为了及时获取客人意见，餐桌上可放置宾客意见表，也可在客人用餐后主动征求意见。客人通过大堂、旅行社等反馈的投诉属于强反馈，应高度重视，保证类似质量偏差不再发生。

建立和健全这两个信息反馈系统，餐厅服务质量才能不断提高，更好地满足客人需求。

复习思考题

1. 应如何进行餐厅的空间布局？
2. 餐饮服务质量控制的具体方法有哪些？

案例分析

某五星级酒店将餐厅托管给专业的餐饮管理公司。该管理公司对酒店餐厅运营现状进行调研，了解市场需求和客户口味偏好，设计丰富多样且注重营养搭配和口味创新的菜品；对餐厅员工进行食品安全知识、操作技能、服务礼仪等方面的培训；建立严格的卫生管理制度和食材追溯体系；注重与酒店沟通，定期收集客户反馈，根据季节和节假日推出主题活动和优惠措施。

经过餐饮管理公司的有效运营，餐厅的管理水平和服务质量显著提升，菜品得到客户一致好评，营业额和客户满意度大幅提高，为酒店整体形象和业务发展带来积极影响。

思考题：在目前经济转型大背景下，酒店餐饮部门如何完成提质增效转型？

项目五 餐饮菜单设计与管理

知识目标

了解菜单的主要类型、内容设计及定价方式。

技能要求

1. 熟练运用餐饮菜单基本设计技能，具备菜单策划与设计能力；
2. 能够根据餐厅经营需要，进行菜单定价管理。

引导案例

某家以当地文化为主题的酒店，希望通过餐饮菜单进一步强化酒店的主题特色，提升顾客的文化体验。其在菜单设计与管理方面主要采取了如下措施：

1. 精准定位市场需求进行主题菜品开发，深入挖掘当地文化和特色食材，开发出一系列与主题相关的菜品。

2. 菜单设计的多元化与个性化。从菜单的内容编排、视觉设计到菜品搭配，都体现了多元化和个性化的特点，大量运用当地的文化元素，营造出浓郁的历史文化氛围。

3. 进行有效的菜单管理，通过定期更新菜单、合理控制成本与定价、加强员工培训等措施，保持菜单的新鲜感和竞争力，提高餐厅的运营效率和服务质量。

此外，该主题酒店还定期举办与主题相关的餐饮活动，邀请顾客参与，增强顾客的互动体验。并与当地的旅游景区合作，推出“景区＋美食”套餐，为游客提供一站式的旅游服务。

该酒店餐饮部的特色菜单和相关活动受到了顾客的高度评价，吸引了大量游客和当地居民前来体验，不仅提升了酒店餐饮的知名度和收入，也进一步强化了酒店的品牌形象，提升了顾客忠诚度。

【评析】

案例中的酒店准确把握自身的市场定位和目标客群的需求，围绕主题文化开发特色菜品，通过菜品创新与服务质量提升，有效满足了顾客的期望，取得了良好的市场效益。

任务一　餐饮菜单概述

一、菜单的定义

菜单（Menu），源于法语，意思是“一个详细的清单”；也有人把菜单称为“Bill of Fare”，“Bill”指项目单，“Fare”表示食品，所以菜单又称“食品的项目单”。一般来说，菜单是指餐饮部门根据客人需求，将自身可提供的菜点、酒水等进行科学组合与艺术编排，从而提供给客人的餐饮产品目录。

最古老的菜单出现在欧洲，那时的菜单是为宴会和聚会备餐用的食品单，主要用于厨房备餐，一般不给客人看。法国大革命后，法国人把从墙上挂的菜单发展成提供给客人的单独菜单，使菜单有了销售的功能。

二、菜单的作用

（一）菜单是传播餐饮产品信息的载体

菜单核心部分涵盖餐饮产品的品种、价格、特色等，餐饮部门通过菜单向客人介绍其所提供的餐饮产品。有些菜单上还会详细写上菜肴的原材料、烹饪方法、营养成分等，以此来展示餐厅的特色，从而给客人留下深刻的印象。

（二）菜单是餐饮经营的计划书

菜单的制定要以目标市场及客人的需求为依据，应充分考虑客人的性别、年龄、购买力、职业状况、民族习惯、口味偏好等各种因素。这种依据客人的需求制定的菜单，在整个餐饮经营活动中起着计划和把控的作用：

（1）菜单为餐饮设备的选择和购买提供指引。

（2）菜单决定厨师、服务员的人员配备情况。

（3）菜单决定食品原料的采购、储存活动。

（4）菜单是餐饮成本控制的依据。

（5）菜单会影响厨房的布局和餐厅装饰风格。

（三）菜单既是宣传品又是艺术品

菜单是餐厅的主要广告宣传品，图文并茂、色彩丰富，其精美的艺术设计能带来视觉和味觉的双重刺激，激发客人消费欲望。一份装帧精美的菜单可以提升用餐气氛，体现餐厅格调，使客人对美味佳肴印象深刻。同时，设计别致的菜单可作为艺术欣赏品，甚至可作为纪念品，引起客人的美好回忆，强化促销功能。

三、菜单的种类

（一）按菜单制定方法分类

1. 固定菜单

固定菜单即不常变换菜单，是餐厅针对客人构成复杂多变、流动频繁、人数众多的特点，本着以不变应万变的原则而使用的菜单。这种菜单是目前各餐厅常用的主体菜单，特别适合客人流动性较大的大众化餐厅。

固定菜单的优点为：

（1）便于实现生产与管理的标准化。

（2）降低生产与管理成本。

固定菜单的缺点为：

（1）由于菜单总是“老面孔”，易使回头客感到口味单一而厌烦，而餐厅很大程度上是做回头客的生意，这就形成了一种不可避免的矛盾。

（2）适应市场的能力弱。一方面，菜品无法随季节的变换而调整；另一方面，不能随原料价格变化而调整菜品或价格，导致菜品成本波动大，甚至出现亏本经营的情况。

（3）菜品的生产多为重复性劳动，容易使员工对单调的工作产生厌倦感。

2. 即时性菜单

即时性菜单是根据某一时间内市场上菜品原料的供应情况而制定的菜单，其编制的依据是市场的时尚潮流、厨师的烹调能力以及菜品原料的可得性、质量、价格。

即时性菜单克服了固定菜单的缺点，一般没有固定模式，使用时间较短甚至每天更换，其优点如下：

（1）菜品常换常新，满足了客人求新、求奇、求变的需求。

（2）适应市场的能力强，能够根据市场的潮流，不断推出客人喜欢的菜品，有利于增加市场占有率和吸引回头客。

（3）灵活性强，便于及时采购新鲜的廉价菜品原料，根据各种时令菜上市或下市情况迅速变换菜品。

（4）能充分利用库存原料，同时剔除原料价格上涨的菜品，降低原料成本。

（5）可以充分发挥厨师的烹饪水平和创造力，生产出更多的创新菜，减少员工工作的单调性。

当然，即时性菜单的缺点也是显而易见的，表现如下：

（1）菜单中菜品更换频繁，不易于实现生产与管理的标准化。

（2）为及时提供不同的菜品，必然会加大采购和库存成本。

（3）菜单制作频繁，不仅耗费时间，印刷费用也会相应提高，从而增加了管理成本。

（4）菜品不断推陈出新，对厨师的烹饪技艺提出了更高的要求。

3. 循环菜单

循环菜单是按照预先确定的周期天数（如每周一循环）制定的各不相同、循环使用的一套菜单。预先确定的周期是多少天，便相应制定多少份各不相同的菜单。例如，一套以七天为周期的循环菜单的使用方法，如表 5－1 所示。

表 5－1　循环菜单的使用方法

星期	一	二	三	四	五	六	日	一	二	三	四	五	六	日	…
日期	1	2	3	4	5	6	7	8	9	10	11	12	13	14	…
菜单	A	B	C	D	E	F	G	A	B	C	D	E	F	G	…

由于循环菜单介于固定菜单与即时性菜单，因此兼具两者的优点和缺点。

循环菜单的优点为：

（1）将餐厅提供的菜肴品种限制于几套菜单内，员工能较快地熟悉每道菜的生产和服务，有利于实现对食品采购、保管、生产和销售的标准化管理。

（2）由于菜单每天都在变化，客人对菜品有新鲜感，不易感到厌烦；同时这种变化也增加了员工工作的乐趣。

（3）循环菜单所需的原料库存额虽多于固定菜单，但有一定的限度。

循环菜单的缺点为：

（1）不能快速适应市场需求的变化和反映原料供应的季节性变化，不能根据各种时令菜的上市或下市情况而迅速变换菜品。

（2）在餐饮生产和劳动力安排方面，不如固定菜单容易计划，库存原料的品种也较多，流动资金占用大。

（3）相对于固定菜单，菜单的编制和印刷费用较高。

一些餐厅会综合使用三种菜单，取长补短。如可将餐厅最受欢迎、最有特色的菜品作为固定项目列在固定菜单上，而将季节性时令菜列在即时性菜单上，同时根据回头客及客房常住客的情况配置循环菜单。

（二）按客人点菜方式分类

1. 点菜菜单

点菜菜单又称零点菜单，是将所有标出价格的菜品按一定规律排列，并制作成册供客人随时点菜的一种菜单。点菜菜单的价格档次宽泛，客人可根据各自的需求自由点菜并按价付款，迎合了不同层次客人的需求，是餐厅里最常见、使用最广泛的一种菜单形式，适用于正餐厅、风味餐厅、咖啡厅等各种形式的餐厅。

小贴士

采用点菜菜单，餐厅需随时加工，故生产批量小，库存品种多，经营管理较难计划和控制。

点菜菜单可分为早、午、晚餐菜单和客房送餐菜单等。在快餐厅中常把点菜菜单做成墙挂式，实用而便捷。

2. 套菜菜单

套菜菜单也称定食菜单，在西方国家也称公司菜单，是将某些菜肴按一定的标准（营养、口味、价格、数量、人数）组合成一套，进行包价销售的一种菜单。

根据客人类型不同和经营需要，常见的套菜菜单有普通套菜菜单、团体套菜菜单及宴会套菜菜单。

3. 自助餐菜单

自助餐菜单菜品多元，设有冷菜、热菜、汤品、甜品、水果与饮品等多个区域，依据受众灵活设计，定期更新，通过传统纸质形式或电子形式呈现。

4. 混合式菜单

混合式菜单融合多种菜单优势，有固定与即时性组合、点菜与套餐组合等多种形式，设计时合理分区、突出重点，满足客人多元消费需求 。

四、菜单的内容

（一）菜品名称

菜品名称是菜单最基本的部分，它会直接影响客人的选择。一方面，客人会凭菜品名称去认识菜品，并挑选满足其需求的菜品；另一方面，寓意深刻的菜品名称能让客人产生联想，提升菜品的附加价值。

为菜品命名要遵循以下原则：

（1）真实性。这是菜品命名的核心，即让客人通过名称了解菜品的构成与特点。

（2）吸引力。菜品名称最好能吸引客人的注意力。

（二）菜品价格

价格是客人消费中最敏感的因素之一。菜单上标注菜品价格，能让客人在点菜时对消费有全面预估，做到心中有数。

（三）菜品介绍

菜单上要对部分菜品作必要介绍，既可促进销售，又可代替服务员为客人介绍菜品，提高工作效率。菜品介绍的内容包括：菜品的制作原料、制作方法、烹制时间及制作份额。对于餐厅重点销售的高价菜、品牌菜、特色菜、创新菜等，菜单上应详细介绍，以便客人通过图文并茂的菜品介绍对该菜品有一个直观全面的了解，激起消费欲望。

（四）告示性信息

（1）企业标识：酒店或餐厅的名称和 Logo，通常印制在菜单封面上。

（2）企业概况：酒店或餐厅的总体情况简介，包括历史背景、餐饮特点、连锁机构、发展现状等。

（3）地址信息：一般列在菜单封底下方，有的还附有简洁版地图，列出酒店或餐厅在城市中的地理位置，告知客人如何到达。

（4）订餐、就餐信息：餐厅的电话、营业时间等，一般列在菜单封面或封底。

（5）特色风味：如果餐厅有特色风味，但在餐厅名称中并未体现，就有必要在菜单封面的餐厅名称下列出。

（6）加收费用说明：如果餐厅加收服务费，要在菜单内页注明，例如标注“所有价目均加收 10%的服务费”。

任务二　菜单设计

一、选择菜品

选择菜品要以目标顾客需求为中心，以餐厅的物质技术条件为基础，综合分析市场因素。影响菜品选择的综合因素如图 5－1 所示。

在实际工作中，菜品的选择要关注以下几个问题。

（一）根据目标顾客需求确定菜品范围及核心指标

餐厅的经营宗旨在于契合特定目标顾客的需求，进而创造最大利润。因此，菜品选择的第一步是根据目标顾客需求，确定菜品的大致范围及核心指标，包括菜系与口味、档次、质量、价格水平、花色品种、数量等。

（二）菜品要与就餐总体环境相协调

菜品并非越精细越好，应和总体就餐环境相协调。

（三）菜品的品种要适量

菜单上列出的品种应保证供应，避免缺货，否则会引发顾客不满。因此，菜单所列菜品品种不宜太多。品种过多，顾客浏览费力费时，难以抉择，会延长点菜时间，降低座位周转率；同时，原料采购品种和库存量过大，会使采购、储存、管理和控制

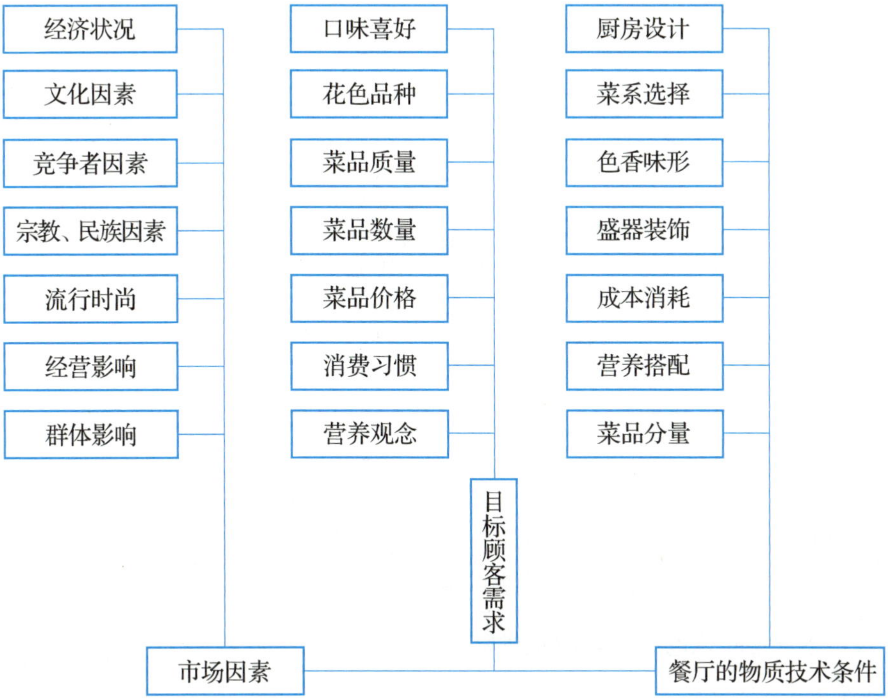

图 5－1　影响菜品选择的综合因素

的难度加大，占用大量资金，产生高额管理费用。当然，菜品品种也不能过少，太少不能满足不同顾客需求，容易造成顾客流失，给顾客留下菜品不丰富、餐厅档次低的印象。

（四）突出菜品独特性

特色是菜品吸引顾客的关键要素，也是菜品的灵魂所在。如果菜单上的菜肴过于普通，其他餐厅都能烹饪供应，餐厅就很难脱颖而出。独特性指餐厅独有的某类菜品、某个品种、某种烹调方法，或独特的客前服务方法等。只有具有独特性的菜品才能形成餐厅的特色菜，创造品牌菜，提高餐厅的知名度与美誉度。如北京的全聚德烤鸭、东来顺涮羊肉及泰安御座宾馆的“满汉全席”等，皆因独具特色，在本地及全国享有盛誉。

（五）选择毛利高且受顾客欢迎的菜品

获取利润是所有企业的经营目标，餐饮企业也不例外。一方面，只有受顾客欢迎的菜品才能吸引顾客来餐厅消费，并成为餐厅的回头客甚至忠诚顾客；另一方面，餐厅卖出的菜品必须盈利，才能卖得越多，利润越高。因此，所选菜品既要深受顾客欢迎，又要保持一定的盈利水平，这是选择菜品的基本原则。

在调查与评估的基础上，餐厅可根据菜品利润和销售量，将所有菜品分为“明星”菜品、“金牛”菜品、“问号”菜品、“瘦狗”菜品，而后采取相应的菜品选择策略，如表5-2所示。

表5-2　不同菜品的特点与选择策略

序号	名称	特点	选择策略
1	“明星”菜品	利润高，销售量大	选取与保留，同时考虑价格弹性，判断是否有提价空间。编排菜单时要突出此类菜品，可放在菜单首位或用特殊的字体、字号、颜色等加以区分，以引起顾客的注意
2	“金牛”菜品	利润高，销售量小	选取与保留，通过强化包装、客前烹制等展示措施加大销量
3	“问号”菜品	利润低，销售量大	适当选取与保留，通过降低成本来保留深受顾客欢迎的某些菜品
4	“瘦狗”菜品	利润低，销售量小	一般情况下应舍弃，或经改造与包装后重新推出，观察其是否会向“金牛”菜品或“问号”菜品转化

（六）注意菜品花色品种的合理搭配

1. 色彩

搭配菜肴颜色时，配料应适配主料、衬托主料。一般的菜肴，配料方法有两种：一种是顺色配料，即主料、配料颜色基本一致，如暖色配暖色；另一种是花色配料，就是主料、配料的颜色不一样。事实上，菜肴色泽的搭配变化无穷，取决于设计者的想象力。

2. 形状

食品原料的形状不仅影响菜肴外观，而且直接影响烹调质量。设计菜单时应考虑菜与形的配合，美化外观、丰富形状，做到有片、有丁、有丝，避免单调。

3. 滋味

滋味包括菜肴的香味、味道及质地。香味对于增强顾客进餐快感作用显著；味道是评价烹饪技术的重要标准，“好吃”是顾客对厨师烹调技艺的高度认可；质地指菜肴的软、嫩、酥、脆等口感。

菜肴配料时，要避免选用同一质地的原料，应选择与质地相配的原料，同时考虑烹调方法，提高菜肴质量。菜肴的香味、味道和质地需协同作用，进餐者才能充分领略菜肴的滋味。

4. 温度

食物温度对于菜肴也有十分重要的影响。热汤就应该热气腾腾、香气扑鼻；冷菜则要口感清爽。

（七）注意食品原料供应情况

凡列入菜单的菜品，厨房必须无条件地保证供应。因此，选择菜品时应充分掌握食品原料供应情况。

菜单设计者必须了解当地市场食品原料品类及大致价格范围，并掌握采购食品原料的最佳时机，即价格合理、质量符合采购规格的时机。

在掌握食品原料市场供应情况的同时，菜单设计者还应重视餐厅现有的库存原料，特别是那些保质期短的原料，如鲜果、蔬菜、乳制品等。要做到这一点，厨师长每天都应巡视库房，做到心中有数，决定哪些原料应立即予以使用，并根据具体情况考虑是否增设当日特选菜点进行推销，或作其他适当处理。

（八）考虑餐饮工作人员的能力

厨师的烹饪技能是菜品选择时首先要考虑的问题，一般情况下，要尽量选择厨师能够制作的菜品。当然，为了吸引顾客，专门聘请烹饪水平较高的厨师也是必要的。

（九）考虑餐饮设备设施

在选择菜品时，一定要考虑餐饮设备设施能否保质保量地生产出菜单上的菜肴，换句话说，应根据生产能力筹划菜单。

二、编排菜品

编排菜品即确定菜品顺序，通常是按照传统的就餐习惯编排，既方便客人点菜就餐，也方便厨房加工出菜。菜品的编排顺序也叫菜单程式，指菜单上各类菜式的排列次序。

（1）西餐早餐菜单程式：果汁，水果，谷麦食类，蛋类，煎饼、华夫饼，肉类，蔬菜类，面包类，儿童早点类，饮料类。

（2）西餐午餐菜单程式：开胃菜，汤类，主菜沙拉，面点，主菜，蔬菜，面包，甜点，饮料。

（3）西餐晚餐菜单程式：鸡尾酒，开胃酒，汤类，主菜沙拉，主菜类，烤肉类，餐间冷饮类，蔬菜类，甜点，餐后酒类。

（4）法式晚餐菜单程式：开胃菜类，汤类，蛋类，鱼类，主菜类，烤肉类，餐间冷饮类，蔬菜类，冷餐类，沙拉类，乳酪类，甜点类，水果类，饮料类。

（5）中餐厅菜单程式：厨师特选，冷盘，猪肉，牛、羊肉，家禽，野味，海鲜、鱼类，时蔬，汤，点心、甜品。

（6）咖啡厅菜单程式：厨师特选，开胃品，汤类，沙拉，主菜，海鲜，风味小吃，三明治、汉堡包，甜品，酒水饮料。

不同餐厅菜单的大小尺寸、插页数量、纸张折叠方法等各不相同，菜单的编排还应考虑顾客的阅读习惯，一般是先外页后内页、先上端后下端、先左侧后右侧。另外，应尽量让菜单上的价格参差不齐。若依照菜价高低排序，易使顾客的注意力集中于低价格菜品上。

小贴士

有些餐厅会对各类菜式中的菜肴编号，以方便顾客点菜，这是值得借鉴的做法。心理学研究表明，顾客往往对第一号菜格外关注，认为其是最佳菜品。因此，安排菜品次序时，应把最出色的菜品列在首位。

三、编制菜单

（一）菜单的编制程序

1. 准备所需的参考资料

（1）其他同档次餐厅的菜单，包括本餐厅正在使用的菜单。

（2）标准菜谱档案。

（3）库存信息和时令菜、畅销菜名单等。

（4）每份菜的成本或类似信息。

（5）各种烹饪技术书籍、普通词典、菜单词典。

（6）菜品、酒水一览表。

（7）以往销售资料。

2. 运用标准菜谱

标准菜谱是由餐饮部门设计编制的规范统一的关于食品烹饪、制作方法及原理的说明书，它列明某一菜肴在生产过程中所需的各种原料、辅料和调料的名称、数量、操作方法、每客分量、装盘工具及其他必要信息。

3. 初步构思清单，设计文字内容

将拟提供的菜品分类列出清单，然后根据类别选择相应菜品。列完清单后，写出拟重点推销的特色菜及套菜。因为菜单必须借助文字向顾客传递信息，故菜单的文字介绍应详尽生动，激发顾客食欲，起到促销作用。文字部分主要涵盖以下内容：（1）菜品名称；（2）描述性介绍；（3）餐厅声誉宣传，包括优质服务和精湛烹调技艺等方面。

（二）菜单的制作

1. 确定菜单的规格与篇幅

菜单的规格与篇幅应契合顾客点菜时的视觉需求，所以要精心选择菜单的开本和页数，以营造最佳视觉效果。

2. 确定菜单的字体、字号

菜单的核心功能是沟通，要清晰展示餐厅菜品。菜单选用的字体应美观、大方，字号适中，便于顾客阅读。

3. 确定菜单的颜色与艺术设计

菜单的色彩运用也很重要：第一，赏心悦目的色彩能提升菜单吸引力；第二，彩色图画能有效突出重点菜肴；第三，色彩还能彰显餐厅的格调。挑选菜单颜色时，要确保与餐厅整体色调协调统一，字画和空白部分对比清晰，避免视觉疲劳。一般来说，鲜艳色块、五彩标题和插图适合快餐厅；而以淡雅色彩（如浅褐、米黄、淡灰、天蓝等）为基调，搭配鲜艳色彩加以点缀，则适合规格、档次较高的餐厅。

4. 确定菜单的制作材料

菜单的制作材料以纸张居多，设计时要谨慎选纸。纸张质量既关乎菜单呈现效果，同样也影响制作成本。

5. 确定菜单的形状、式样

菜单的形状、式样根据餐厅经营需求和顾客心理确定，没有统一的标准。

6. 确定菜单的印刷方法

常见印刷方法有平版印刷和数码印刷。菜单印量较少，一般采用数码印刷。

7. 菜单封面设计

（1）在完成菜单内页版面布局之后再设计封面，确保封面与内页版面协调统一，突出餐厅的风貌特征。

（2）封面设计要考虑制作费用、纸张质量、色彩等因素。

8. 突出特色菜

特色菜是餐厅经营特色的集中体现，也是菜单的核心亮点。精准确定特色菜在菜单中的版面位置，并合理选择字体、图案等元素，才能打造出出色的菜单设计。

任务三　菜单定价

一、定价原则

（一）价格反映产品的价值

菜单上食品饮料的价格是以其价值为依据制定的。价值包括以下三部分：

（1）餐饮食品原材料消耗的价值，生产设备、服务设施和家具用品等耗费的价值。

（2）以工资、奖金等形式支付给劳动者的报酬。

（3）以税金、利润等形式向国家和企业提供的积累。

（二）定价必须符合市场定位，适应市场需求

菜单定价不仅要反映产品的价值，还应综合考虑地理位置、品牌效应、星级标准、餐厅档次、旺季淡季、客源市场消费能力，以及地区经济发展状况、物价水平等。价格制定必须适应市场需求，构建多层次价格体系，满足高、中、低不同消费层次需求，实现“让每位顾客都能找到属于自己的菜单”。

（三）定价既要相对灵活，又要相对稳定

菜单定价应根据供求关系的变化，采用灵活的价格策略，如优惠价、季节价、浮动价等。即根据市场需求升降价格，调节需求以增加销售、提高效益。但价格变动不宜过于频繁，尤其是大幅涨价，会给顾客带来心理压力和不稳定感，挫伤其消费积极性，甚至导致客源流失。因此，菜单定价要有相对稳定性。具体来说，要注意以下几点：

（1）菜单价格不宜变化太频繁，更不能随意调价。

（2）调整菜单价格，必须事先进行市场论证。

（3）每次调价幅度不能过大，最好不超过 10%。

（4）菜单价格调整可以与餐饮促销活动同时开展。

（5）为了避免价格调整对顾客消费心理的直接影响，可用优惠卡、积分折扣、VIP 卡、赠送奖励消费等促销方式替代价格调整。

（6）应摒弃用降低质量来低价销售以维持销量的做法，反对低层次价格战和低价倾销行为。

（四）定价要服从国家政策，接受物价部门检查和监督

要根据国家的物价政策制定菜单价格，在规定的范围内确定毛利率。要贯彻按质论价、分等论价、时菜时价的原则，以“价格＝成本＋费用＋税金＋利润”的合理方式定价，抵制牟取暴利、坑害消费者的行为，同时接受当地物价部门的检查和监督。

案例

崔经理请几位教授到北京某星级宾馆的中餐厅用餐。服务员很有礼貌地把他们请到餐桌前入座后，请他们点菜。老朋友见面聊个没完，崔经理接过菜单看了一眼，便把它递给旁边的孙教授。

孙教授点了几个菜后，对服务员说：“我们年纪都大了，想要一些清淡的汤菜，像粟米羹之类的。”

“我们这里今天没有粟米羹，但有燕窝鱼翅羹，这是我们的特色羹汤。”服务员不失时机地推荐道。

此时，崔经理正在和其他人谈话，孙教授见菜单上没有这道羹汤，以为价钱不贵，就点了点头：“请给我们10个人每人来一碗吧。”过了一会儿，酒水和菜就上桌了。大家边聊边吃，非常高兴。

结账时，服务员告诉崔经理，餐费共6 000多元人民币。大家一听都傻了眼，以为自己听错了。

“我们没有要很多菜呀！”崔经理让服务员把账单拿过来，一看“燕窝鱼翅羹”一项就记录着近5 000元。

“小姐，这羹多少钱一碗？”孙教授忙问道。

“498元。”服务员回答。

“你在介绍时怎么不告诉我价钱呢？”孙教授有些张口结舌了。

服务员默默无语。

崔经理安慰大家说，他既然请客就要让大家高兴。他告诉收款员自己只带了3 000多元现金，还有几百元港币，其他的欠款第二天一定送来。但餐厅不同意赊账，大家见状都翻兜找包，帮崔经理凑钱，但没人带很多现金，钱仍凑不足。最后，餐厅同意崔经理留下身份证，第二天再来交钱。

临出餐厅时，孙教授叹着气说：“今天我可犯了个大错误。”大家也都笑着和他开玩笑：“你刚一见崔经理就让他欠账，真有本事啊！”

这次“欠账”真的是孙教授的错误吗？

【评析】

本案例中，服务员利用孙教授对菜品价格的不了解，推销昂贵高档菜，在经济上取得了效益，但在道义上却给人留下了“欺骗”的嫌疑。如果从为顾客提供满意服务的角度上看，让崔经理欠账的责任当然要由那位服务员来承担。首先，她应明白这些客人用餐的目的主要是聚会畅谈，并不是来摆排场。其次，她应该明白这些客人来餐厅想要的是经济实惠的菜品。最后，在推销高级羹汤时，她没有把价格告诉客人，误使孙教授为每人都点了燕窝鱼翅羹。如果给客人介绍清楚，为他们点上一两份羹汤，让大家都品尝一下，可能会达到良好的服务效果。

二、定价目标

（一）以生存为定价目标

当餐厅的营业收入与固定成本、变动成本和税金之和相等时，企业即可实现保本。公式如下：

保本点营业收入=固定成本+变动成本+税金

（二）以利润为定价目标

以利润为定价目标，是指餐厅在定价时主要以应实现的利润为出发点。管理人员根据利润目标，预测经营期内将涉及的经营成本和费用，然后计算出实现利润目标必须完成的收入指标。

（三）以营业额为定价目标

以营业额为定价目标的餐厅，通常强调要实现某一营业额目标，但一般不明确规定应实现的利润数额。

通常情况下，营业额的增长意味着利润的增加，但若通货膨胀严重、能源紧张或餐饮原料缺乏，会导致生产和销售成本、费用等增加，即使营业额增加，利润也未必会增加。因此，餐厅虽以营业额为定价目标，但也需要同时关注利润。

（四）以竞争为定价目标

在市场经济条件下，竞争是不可避免的。当餐厅面对竞争时，通常会采用竞争导向的定价目标，主要有以下几种情况。

1. 应对或避免竞争

相当多的餐厅在制定产品价格时，主要参考对市场有关键影响的竞争者价格。一般情况下，消费者对价格比较敏感，这些餐厅的餐饮产品价格不一定与其竞争者的价格完全相同，而是会根据自己的具体情况，制定比竞争者略低或稍高的价格。

当成本、费用或消费者需求发生变化时，若竞争者的餐饮产品价格保持不变，这些餐厅可能维持原价；若竞争者调价，它们肯定会调整价格以应对竞争。

2. 维持原有市场

即当新的竞争者出现时，这些餐厅力图保持与其规模和声誉相符的市场份额。

3. 开辟新客源市场

要想在竞争中取胜并获得长远的经济利益，具有远见卓识的餐厅往往会采取措施开辟新客源市场。尤其在原有市场基本饱和时，这种策略更易助其取胜。

（五）以刺激其他消费为定价目标

有些餐厅为实现酒店的总体经营目标，以增加客房或其他产品客源为餐饮定价目标。在我国许多酒店，餐饮部在定价时往往考虑酒店整体利益，以较低的餐饮价格来吸引会议、旅游团体及商务客人，进而提高客房出租率，实现酒店整体利润。

餐厅中有些菜品或特价菜可能无利甚至亏损，但可以起到“诱饵”的作用吸引客人，而客人来到餐厅后还会点其他菜，从而刺激整体销售。“诱饵”菜品通常选客人熟悉、加工简单且其他竞争餐厅也有的菜品，因其价格有比较空间，能吸引更多的客人。

三、定价方法

（一）以成本为导向的定价方法

以成本为导向的定价方法在餐厅中运用最广泛，具体包括以下五种方法。

1. 毛利率法

毛利率不仅反映餐饮产品的毛利水平，还直接关乎餐厅盈亏和顾客利益。在餐饮产品原料成本和相关费用不变的情况下，毛利率越高，销售价格就越高，利润也越高；反之，毛利率越低，销售价格就越低，利润也越低。

小贴士

因为毛利率有销售毛利率（内扣毛利率）和成本毛利率（外扣毛利率）两种计算方法，所以引用毛利率这个概念时，必须说清楚是内扣还是外扣。

（1）销售毛利率法。

销售毛利率法，也称内扣毛利率法，是根据餐饮产品的标准成本和销售毛利率来计算销售价格的一种定价方法。

销售毛利率＝毛利/销售价格×100%

销售价格＝产品原料成本/(1－销售毛利率)

（2）成本毛利率法。

成本毛利率法，也称外扣毛利率法，是根据餐饮产品的标准成本和成本毛利率来计算销售价格的一种定价方法。

成本毛利率＝毛利/原料成本×100%

销售价格＝产品原料成本×(1＋成本毛利率)

（3）销售毛利率与成本毛利率的互相换算。

销售毛利率是以售价额为基数的，而成本毛利率是以成本额为基数的。如果同一售价、同一成本，则成本毛利率大于销售毛利率。

销售毛利率与成本毛利率的换算如下：

销售毛利率＝成本毛利率/(1＋成本毛利率)

成本毛利率＝销售毛利率/(1－销售毛利率)

2. 成本系数定价法

以餐饮产品原料成本乘以定价系数，即餐饮产品销售价格。用公式表示为：

销售价格=餐饮产品原料成本×定价系数

这里的定价系数，是计划餐饮产品成本率的倒数，如果经营者计划餐饮产品成本率为50%，那么定价系数为100%/50%=2。

3. 单位贡献毛利法

单位贡献毛利法是指每位就餐顾客除须支付所购餐饮产品的成本之外，还需平摊餐厅的其他费用，据此计算餐饮产品销售的毛利，并对餐饮产品进行定价。使用单位贡献毛利法进行定价，必须较为准确地预测餐厅的经营效果，以确定每种餐饮产品的贡献毛利。单位贡献毛利的计算公式为：

单位贡献毛利=预期获得的毛利总额/餐饮产品销售总数

4. 分类加价法

分类加价法是对不同餐饮产品分类制定加价率的定价方法。其指导思想是各类餐饮产品的获利能力不仅应根据其原材料成本的高低，还必须根据其销售量的多少来确定。在确定加价率时，应考虑：

（1）高成本餐饮产品的加价率应适当降低，而低成本餐饮产品的加价率可适当提高。

（2）销售量多的餐饮产品的加价率应适当降低，而销售量少的餐饮产品的加价率可适当提高。

根据经验及实际工作的需要，不同类型餐饮产品的加价率如表5-3所示。

表5-3 不同类型餐饮产品的加价率

餐饮产品类型	加价率范围（%）
高档菜肴	10.00～15.00
畅销菜肴	15.00～18.00
滞销菜肴	20.00～22.00
低档菜肴	20.00～40.00
点心	35.00～40.00

对于某一具体的餐饮产品来说，在确定其销售价格时，首先应选择合适的加价率，然后确定用于计算其销售价格的销售毛利率，其计算公式为：

销售毛利率=(销售收入－销售成本)/销售收入×100%

销售毛利率是衡量企业销售盈利能力的重要指标，销售收入减去销售成本即毛利，代表销售收入扣除直接成本后剩余的利润空间，这部分利润将用于覆盖企业的间接费用（如房租、水电费、管理费等），并最终形成净利润。

整个公式计算的“毛利”占“销售收入”的百分比，反映了产品/服务本身的盈利潜力。

5. 主要成本率法

把餐饮产品原料成本和直接人工成本作为定价的依据，并从“损益表”中查得其他成本费用并计算利润率，则可计算出餐饮产品销售价格。以成本为中心定价，考虑到了餐厅较高的人工成本率，如能适当降低人工成本，则定价更趋于合理。计算公式为：

餐饮产品销售价格=(原料成本+直接人工成本)/[1-(非原料成本率+目标利润率)]

该公式将“原料成本+直接人工成本”作为定价的核心依据，这两项是餐饮产品最直接、最易控制的成本，适合对成本精细化管理的企业。通过“1-（非原料成本率+目标利润率）”的分母，保证售价不仅能覆盖核心成本，还能承担其他间接费用并实现预期利润。

（二）以需求为导向的定价方法

以成本为导向的定价方法简单、实用，但在经营过程中，管理者不仅要考虑成本，还要考虑顾客愿意并能支付的价格，以及顾客对现行价格的反应。以需求为导向的定价方法便是根据顾客对餐饮产品的认识和需求程度来定价的方法。

1. 声誉定价法

餐厅如果需要招徕注重身份、地位的目标客源，就必须提升餐厅的声誉。这些客人总是要求“最好”，餐厅的环境最好，服务最好，菜品酒水质量最好，价格也较高。如果价格过低，这些客人反而会怀疑质量低而不愿光顾。价格对他们来说是反映菜品质量和个人身份地位的一种指数，餐厅可用高价来吸引这类高消费的客源。

2. 诱饵定价法

有些餐厅为吸引客人光顾，将一些菜品的价格定得很低，甚至低于这些菜品的成本。其目的是把客人吸引到餐厅来，客人到餐厅后还会消费其他菜品，而这些低价菜品就起到诱饵作用。

3. 需求后向定价法

有些餐厅对菜品定价时，首先调查客人愿意支付的价格，以此为出发点，反过来调整餐厅菜品的配料数量和品种，控制成本，使餐厅获得薄利。例如，某酒店原来主要接待对象是国外旅游者，而该城市又新建了许多高档酒店，该酒店不得不改变经营方向。为招徕当地居民前来就餐，该酒店先根据当地居民的生活水平定出西餐套餐价格，然后再选择加工简单、经济实惠的主食、面包、咖啡等，吸引当地客人前来就餐。

4. 系列产品定价法

向同类目标市场销售的系列产品，比如同一餐厅零点菜单上的系列产品，服务同类普通客源。对这类系列产品定价时，不能各个菜品孤立地定价，而要先协调总体价格水平，确保能被目标客源接受。各个菜品的定价虽然要以成本为基础，但不能仅按成本定价，要在客源群体愿意支付的价格范围内按成本划分档次。

（三）以竞争为导向的定价方法

以竞争为导向的定价方法就是以竞争对手的价格为基础定价，而非局限于价格与成本及需求间的关系，旨在维持和扩大本餐厅市场占有率和扩大销售数量。以竞争为导向的定价方法主要有以下几种。

1. “随行就市”法

即把竞争对手的菜品价格为己所用，这是一种最简单的方法。这种定价方法在餐饮业中运用甚广，尤其适用于无明显经营特色、资金和技术力量薄弱、经营者又无太多经营经验的餐厅。由于市场上通行的价格已为顾客所接受，因此采用此种方法进入市场较为稳妥，风险小。但这种定价方法存在不利于创新、易受竞争对手冲击等缺点。

2. 率先定价法

此为主动定价方法，即餐厅不是采取“等一等”“看一看”的观望政策，而是大胆地抢先对产品定出价格，当市场需求和竞争局势发生变化时也是最先提高或降低价格。这种定价方法一般为实力雄厚或产品独具特色的餐厅所采用。优势是能抢先抓住市场机会，率先占领市场，获得竞争优势。缺点是风险比较大，有时对市场信息理解不透彻或对市场趋势判断错误，会做出错误的决策，导致失掉部分市场份额或造成损失。

3. 追随领导企业定价法

此方法是以餐饮行业中占有较大市场份额或影响最大的企业的价格为标准来定价。这是一种以避免和减少价格竞争为意图的定价方法，优势是可减少同行之间因互相压价而造成的损失，缺点是不利于保护顾客利益和推动行业进步。

4. 最高价格法

该定价法旨在以质量取胜。优势是能避免压价竞争，促使同行提高质量、创新产品。但是在同行都寻求提高质量的市场环境下，要在质量上高出竞争者并非易事，往往会受到资金、技术和领导能力等因素的限制，还可能在顾客的心目中留下同质高价或低质高价的形象，从而被顾客排斥。

5. 同质低价法

该方法一方面用低价将顾客从竞争者那里争取过来，以占据尽可能大的市场份额；另一方面通过加强成本控制，尽可能降低成本并坚持薄利多销，使餐厅有利可获。

该方法的优点是能够鼓励餐厅加强成本控制，提高生产和经营效率，同时为顾客提供最大利益。缺点是易造成价格战，使各餐厅都减少收入，最后迫使一部分无能力做好成本控制、降低成本的餐厅破产或转行。

复习思考题

1. 菜单的作用有哪些？
2. 菜单的主要内容有哪些？
3. 简述菜单设计的步骤。
4. 菜单定价的原则有哪些？
5. 菜单的定价方法有哪些？

案例分析

李亚是某酒店餐厅的服务员。一天，几位客人来到餐厅用午餐，她为客人递上菜单，并请客人各自点了他们喜欢的主菜。为了使客人的午餐更丰盛一些，李亚又推荐了几道特色菜，客人们没有反对。上菜后，客人们匆匆喝了汤，用了各自的主菜和主食，对李亚推荐的菜未动筷就结账了。离开前，有客人看着剩下的菜摇头，面露不满。李亚忙问是否需要打包，客人摇摇头走了。

晚上，又有几位客人来餐厅就餐。李亚按中午的服务程序和方法为客人递菜单、推荐菜，结果客人们吃得很高兴，对推荐的菜赞不绝口，夸奖李亚服务很好。

思考题：为什么李亚在中午和晚上的服务方式基本相同，而客人的反应却不同呢？

项目六 餐饮原料采购与库存管理

知识目标

1. 了解餐饮原料自采购至验收、贮存、发放、盘点等诸环节的管理工作；
2. 掌握原料采购的数量控制、质量控制和价格控制，以及原料验收的程序等；
3. 掌握不同原料的贮存要求；
4. 掌握不同库房的管理工作要求。

技能要求

掌握酒店餐饮原料采购、验收、贮存与发放程序，能够进行科学采购与库存管理。

引导案例

有一家中型城市酒店，其餐饮部曾面临原料采购成本高、库存积压与浪费严重以及因原料供应不足导致的菜品供应不稳定等问题。

一、具体情况

（一）采购方面

以往采购缺乏规划，采购人员仅根据厨师口头要求进行采购，没有系统分析历史数据和预测需求，经常出现临时采购情况，导致采购价格偏高，且难以保证食材质量。同时，供应商选择单一，缺乏竞争，供应商在价格和交货期上比较随意。

（二）库存方面

没有完善的库存管理系统，靠人工记录库存，数据不准确。库房内原料摆放混乱，不同保质期、不同类型的原料混放。盘点不及时，每月盘点一次，但经常出现账实不符的情况，原料过期变质现象时有发生。

二、改进措施

（一）采购环节

1. 制订科学采购计划。餐饮部负责人带领团队分析过去两年的菜品销售数据，结合节假日、季节变化、当地活动等因素，建立需求预测模型，提前一周制订采购计划。

2. 拓展供应商渠道。经过市场调研和考察，新增了3家供应商，引入竞争机制，定期从价格、质量、交货期、服务等方面对供应商进行打分评估，优胜劣汰。

3. 建立采购审批流程。采购申请需厨师长、餐饮经理、财务经理三级审批，确保采购的必要性和合理性。

（二）库存环节

1. 引入库存管理系统。采用专业的酒店库存管理系统，实时记录原料的出入库情况，设置库存预警值。

2. 规范库存管理。对库房进行区域划分，按照原料类别、保质期长短等分类存放，实行“先进先出”。

3. 加强盘点工作。由原来每月一次盘点改为每周一次小盘点、每月一次大盘点，及时发现库存问题并调整。

三、效果

实施改进措施三个月后，采购成本降低了15%，库存积压和浪费现象减少了约80%，菜品供应稳定性大幅提高，顾客投诉率明显下降。

【评析】

1. 数据驱动的采购计划。通过分析历史数据来制订采购计划，使采购更具前瞻性和合理性，能够有效避免采购过量或不足的情况，减少成本浪费和供应短缺。

2. 供应商多元化。增加供应商数量并进行考核评估，有助于获取更优质的产品和服务，同时在价格上获得更多话语权，提高了供应链的稳定性。

3. 严格的审批流程。三级审批制度可以有效控制采购成本，避免不必要的采购，保证采购决策的科学性和合理性。

4. 信息化库存管理。引入库存管理系统，提高了库存数据的准确性和及时性，便于管理人员实时掌握库存动态，做出合理的采购和使用决策。

5. 规范的库存操作。区域划分、分类存放和“先进先出”的实施，有助于提高库存管理的效率，降低食材过期变质的风险。

6. 高频盘点。增加盘点频率能及时发现库存管理中存在的问题，如账目不符、损耗异常等，便于及时调整和改进。

任务一　餐饮原料与饮料

一、餐饮原料

餐饮原料是指能供餐饮工作者在加工制作面点、菜肴、小吃等各类食品过程中所使用的一切原材料。餐饮原料是餐饮活动的物质基础。从原料的采购、运输、贮存，到原料的选择、粗细加工、烹调等，每一个环节都是以原料为基础进行的。

（一）动物性原料

动物性原料主要包含家畜肉类、禽类、蛋类、乳品类、水产类、野味类、动物性干货等。

（二）植物性原料

我国传统的饮食结构向来注重以粮为主，以肉蛋蔬果为辅。因此，植物性原料几乎成为烹饪的主体，主要有粮食、蔬菜、水果、菌藻类、植物性干货等。

（三）调味料

烹饪中的调味是菜点成败的关键，而调味料又是影响调味质量的重要因素。根据烹饪的特点，按口味可把调味料分为六类：（1）咸味调味料，如食盐、酱油、酱品；（2）甜味调味料，如食糖、蜂蜜、糖精；（3）酸味调味料，如醋、番茄酱、柠檬汁；（4）辣味调味料，如辣椒、胡椒、花椒、芥末；（5）鲜味调味料，如味精、鸡精、蚝油；（6）苦、香味调味料，如酒、桂花、茴香、丁香。

（四）佐助料

佐助料既不是主配料，也不是调味料，主要包括食用淡水、食用油脂、食品添加剂等。食用油脂有植物性油脂、动物性油脂、再制油脂（如奶油、黄油、葱椒油、辣油）。食品添加剂有食用色素、膨松剂、增稠剂、发色剂和助色剂等。

二、饮料

（一）含酒精饮料

含酒精饮料是由制酒的原料，如葡萄、苹果、梨、大麦、高粱、稻米等，经过发酵酿造或蒸馏而成的含乙醇且带刺激性的饮料，可分为葡萄酒、蒸馏酒、啤酒等。

1. 葡萄酒

葡萄酒是葡萄发酵后酿造出来的饮料。其种类繁多，根据色泽的不同，分为红葡萄酒、白葡萄酒和淡红葡萄酒；根据二氧化碳的含量情况，分为不起泡葡萄酒（如波特酒）和起泡葡萄酒（如香槟酒）；根据葡萄酒的含糖量，分为干葡萄酒、半干葡萄酒、半甜葡萄酒、甜葡萄酒。葡萄酒的酒精浓度一般在14%以下。

2. 蒸馏酒

蒸馏酒也称烈性酒，指原料经发酵蒸馏而取得的酒液，酒精含量较高，多在40°左右。按酿酒原料，蒸馏酒可分为葡萄蒸馏酒、谷物蒸馏酒和果杂蒸馏酒。威士忌、杜松子酒、伏特加、朗姆酒、龙舌兰都是蒸馏酒。

3. 啤酒

啤酒是用大麦芽和啤酒花为主要原料，再加上水、淀粉、酵母等辅料，经发酵而成的一种含二氧化碳的低度酒精饮料，也叫麦酒。根据是否杀菌，分为生啤酒和熟啤酒；根据麦汁浓度、酒精含量，可分为低浓度啤酒（7°～8°，2%）、中浓度啤酒（11°～12°，3.1%～3.8%）、高浓度啤酒（14°～20°，4.9%～5.6%）；根据颜色深浅，可分为黄啤酒、棕啤酒和黑啤酒。

（二）不含酒精饮料

不含酒精饮料又称软饮料，主要有咖啡、茶、可可、果汁、矿泉水、碳酸水等。大部分软饮料是调制鸡尾酒和混合饮品所不可缺少的辅助材料。

1. 咖啡

一般餐厅常见的咖啡有巴西咖啡、蓝山咖啡、哥伦比亚咖啡、摩卡咖啡、曼特宁咖啡、牙买加咖啡。咖啡的冲泡法有过滤式冲泡法、蒸馏式冲泡法、滴落式电咖啡壶冲泡法、咖啡机冲泡法。

2. 茶

茶可分为完全发酵茶（如红茶）、半发酵茶（如乌龙茶）和不发酵茶（如绿茶）。

3. 可可

可可是用可可树的种子（可可豆）磨成粉后制成的饮料。可可粉既可冲制饮料，又是制造巧克力的原料。

4. 果汁

果汁分鲜榨、罐（瓶）装和浓缩三种。既可单饮，也可作为调制鸡尾酒的辅助材料。常见的果汁有橙汁、柠檬汁、菠萝汁、西柚汁、葡萄汁、番茄汁等。

小贴士

果汁的最佳饮用温度为10℃，服务前应先放冰箱冷藏，斟倒时应斟至3/4杯。

5. 矿泉水

矿泉水饮用前也需冷藏，酒吧服务中可放一片柠檬，不宜加冰。

6. 碳酸水

碳酸水饮用前需冷藏，可在杯中加冰块，还可加柠檬片，使其口感更加清香。

三、宴会酒水设计

（一）酒水与宴会的搭配

酒水在宴会中有着举足轻重的地位，但不是所有酒水都能与任意食品完美搭配，宴会设计用酒水要合时宜。酒水与宴会的搭配必须遵循以下原则：

（1）酒水档次应与宴会档次相符。

（2）酒水来源应与宴会席面特色相符。

（3）宴会中谨慎使用高度酒。

（二）酒水与菜肴的搭配

酒水与菜肴搭配的基本原则如下：

（1）酒水有助于充分体现菜肴色香味等风格。

（2）饮用后不会抑制人的食欲和消化功能。

（3）酒水搭配应让客人接受和满意。

以上搭配原则最终要遵从客人的意愿，若客人自行点选的酒水违背了上述原则，或服务员向客人推荐的酒水未获客人认同，则应遵从客人的意愿。

（三）酒与酒的搭配

酒与酒的搭配也有一定的规律，如果宴会上备有多种酒水，通常的搭配方法如下：

（1）低度酒在先，高度酒在后。

（2）软性酒在先，硬性酒在后。

（3）有汽酒在先，无汽酒在后。

（4）新酒在先，陈酒在后。

（5）淡雅风格的酒在先，浓郁风格的酒在后。

（6）普通酒在先，名贵酒在后。

（7）干烈酒在先，甘甜酒在后。

（8）白葡萄酒在先，红葡萄酒在后（甜型白葡萄酒例外）。

（9）最好选用同一国家或同一地区的酒作为宴会用酒。

任务二　餐饮原料采购管理

餐饮原料采购就是根据餐饮生产和经营需要，以理想的价格购得符合餐厅质量标准的餐饮原料。餐饮原料采购是餐饮业务经营活动的起点和前提，为餐饮食品生产加工和销售服务的顺利进行提供了物质基础。

采购管理的目的是为厨房等加工部门提供适量餐饮原料，确保每种原料的质量符合既定使用规格和标准，同时力求采购价格和费用最为低廉，使餐饮原料成本处于最理想状态。

一、餐饮原料采购的基本要求

餐饮原料的采购具有采购面广、品种规格复杂、品质易变、生产季节性强、价格涨落快等特点。为了做好采购工作，在餐饮原料采购时应遵循“品种对路、质量优良、价格合理、数量适当、供货商最佳、进货时间适当、凭证齐全”等基本要求。

二、确定标准采购规格

确定标准采购规格是对采购的餐饮原料进行质量和规格控制，保证其达到理想标准的一项重要措施。餐厅要生产质量稳定的菜品，必须使用质量稳定、规格一致的原料。原料的质量，是指原料的新鲜度、成熟度、纯度、质地、颜色等标准。原料的规格，是指原料的种类、等级、大小、重量、份额和包装等规定。

（一）标准采购规格的内容

标准采购规格是根据菜单的要求，以书面形式对要采购的餐饮原料的质量、规格等做出的详细具体的规定。一般根据原料的特性有选择地列出以下项目：原料的通用名称或常用商业名称、用途、产地、等级、部位、色泽与外观、报价单位、容器及容器中的单位数或单位大小、重量范围、最小或最大切除量、加工类型和包装、成熟程度、交货时间要求、防止误解所需的其他信息。标准采购规格的基本内容，如表 6－1 所示。

表 6－1　××酒店标准采购规格

制定规格书时间：　　　　年　　月　　日

1. 原料名称	
2. 原料用途	如葡萄用于榨汁或用于水果拼盘

续表

3. 原料的一般概述	列明原料的一般质量要求。如葡萄要求酸甜适中，中等或大型，椭圆或圆形，紫色，无可见斑点或皮伤
4. 详细说明	有选择地列明下列有助于识别的因素 产地　规格　比重　品种 容器　商标　等级　净料率 包装　稠密度　类型　份额大小
5. 原料检验程序	
6. 特别要求	如交货和售后服务要求

（二）标准采购规格的编制

标准采购规格根据菜单提供的菜品要求编制，主要针对某些主要的原料和价格昂贵的原料。

标准采购规格的编制要求由餐饮部经理、采购部经理和相关人员（如厨师长、餐厅经理、酒吧经理、采购员、验收员）等共同协调研究，确定后经批准作为企业标准公布与实施，成为各部门共同遵守的依据和准则。

在编制标准采购规格时，要考虑诸多因素，如餐厅的档次和类型、客人对原料的要求、现行的行业标准、现有设备对原料的加工能力、市场环境与原料的可得性等。标准采购规格的文字表述要科学、准确、简练，品质和规格指标的选择要抓住重点、分清主次，内容要便于操作。

使用固定菜单的餐厅，在一段时间内其菜品相对稳定，原料的采购规格也相对稳定。如果菜单发生变化或市场条件发生变化，标准采购规格就应部分调整、修改或重新制定。标准采购规格实例，如表 6－2 所示。

表 6－2　标准采购规格实例

品名	产地	部位形状	色泽与外观	气味与味道	产率	发货
比目鱼	上海	整条椭圆形，长度约为宽度的 2 倍	鱼肉硬而有弹性，色泽明亮。鱼鳃应无黏液，色泽红粉色。鱼鳞紧贴鱼身	无带氨的腐败气味	应能产生 40% 的鱼排	订货后次日交货，鲜鱼交货
葡萄	新疆	中等或大型，椭圆或圆形	紫色，无可见斑点或皮伤	酸甜适中		
青岛啤酒	青岛啤酒厂	易拉罐装	淡黄色液体，崂山矿泉水酿制，原麦汁浓度 12° B，酒精 ≥ 3.7W/W%	略带苦味	净重 355mL	订货后第三日交货

三、餐饮原料采购的数量控制

餐饮原料采购数量的多少关乎采购价格的高低和资金周转的快慢，也会直接影响菜品成本，因此，应根据酒店和餐厅的经营策略，制定出合理的采购数量，确保原料供给充足且无过多剩余。

（一）影响餐饮原料采购数量的因素

影响餐饮原料采购数量的因素主要包括：菜品的预计销售量，餐饮原料的特点、贮存条件、市场供应情况，采购点的距离远近，供货商的政策等。

（二）不同餐饮原料的采购数量控制

餐饮原料可分为易坏性原料和非易坏性原料，其采购数量有所不同。

1. 易坏性原料的采购数量

易坏性原料一般为鲜活货，这类原料必须遵循先消耗再进货的原则。因此，要确定某种易坏性原料的当次采购量，必须先掌握该原料的现有库存量，并根据营业预测，决定下一营业周期所需要的原料数量，进而计算出应采购的数量。易坏性原料的采购频率较高，一般需每日采购。在实际操作中，可以选用以下方法：

（1）日常采购法。

日常采购法适用于消耗量变化大，有效保存期较短，因而必须经常采购的鲜活原料。每次采购的数量用公式表示为：

原料需购量＝应备量－现存量

应备量指在进货间隔期内对某种原料的需要量。它要根据客情预测，由厨师长或餐饮部经理决定。在确定该数字时，还要综合考虑特殊餐饮活动、节假日客源变化、天气情况等并适当调整。

现存量指某种原料的库存数量，通过实地盘存确定。采购员应每日检查库存余量，检查时可采用实物清点与观察估计相结合的方法。对价值高的原料要清点实际存量，对价值低的原料只要估计大约数即可。

为了方便采购，采购员应将每日要采购的鲜活原料编制成采购清单。采购清单上要列出原料的名称和规格、应备量、现存量、需购量等，同时还要加上供货商的报价、实际采购量和实际价格，如表 6－3 所示。

使用原料采购清单可减轻厨师长和采购员的工作负担，无须每日填写需采购原料的名称，还能辅助控制采购数量和采购价格。将原料采购清单和标准采购规格联用，能使采购数量、质量和价格标准化，在一定程度上遏制供货商与采购员相互勾连的舞弊行为。采购清单上要预留空格，用于填写需采购的特殊原料，并记录实际采购数量和实际价格，以便与采购标准对比，进行有效控制。

表 6-3 原料采购清单

________年____月____日

名称	规格	应备量	现存量	需购量	市场参考报价			实际采购量	实际价格
					甲	乙	丙		
肉类：									
一级牛排									
牛肉末									
一级猪里脊									
家禽类：									
家养小公鸡									
乳鸽									
蔬菜类：									
花菜									
芹菜									
番茄									

小贴士

餐饮采购标准

餐饮采购标准是保障餐饮产品质量、安全、成本可控的重要规范。包括：食材质量与安全标准、供应商选择标准、成本控制标准、流程规范标准、特殊食材专项标准等。这些标准可根据餐饮企业的类型和经营需求进行细化调整，最终目的是保障食品安全，提升产品品质，同时实现高效运营。

（2）长期订货法。

在易坏性原料中，像面包、奶制品、鸡蛋、常用蔬菜、水果和常用饮料等品种，每日消耗量大，但本身价值不太高，且需求稳定，没有必要每天填写采购单，往往采用长期订货法。

长期订货法一般可采用两种形式：一种是酒店与某一供货商签订合约，由供货商以固定的价格每天或每隔数天向酒店供应规定数量的某种或某几种原料，直到酒店或供货商感到有必要改变已有供应合约时再重新协商；另一种是要求供货商每天或每隔数天把酒店的某种或某几种原料补充到一定数量。

2. 非易坏性原料的采购数量

非易坏性原料包括干货原材料（如粮食、香料、调味品、罐头食品等）和可冷冻储存的原材料（如各种肉类、水产品）。非易坏性原料不易迅速变质，为减少工作量，可一次采购较大数量贮存起来。在实际操作中，可以选用以下方法：

（1）定期采购法。

定期采购法是一种采购周期固定，即采购间隔时间（一周、一旬、半月或一月等）不变，但每次采购数量不定的采购方法。管理人员可根据库房的贮存面积、原料可得性和流动资金状况，确定同类原料（或向同一供货商）采购的间隔天数，再根据各项原料的预计日需要量算出各项原料的标准贮存量。原料的标准贮存量也是原料的最高贮存量，主要根据原料的日需要量以及定期采购的间隔天数，再加保险贮存量而定。其计算公式为：

标准贮存量＝原料日需要量×定期采购的间隔天数＋保险贮存量

日需要量指该原料平均每日消耗量，一般根据以往的经验得出数据。保险贮存量的多少视原料的供应情况而定，一般酒店把保险贮存量定为订购期内需用量的50%。

在确定标准贮存量时，还要考虑能用于库存物资的流动资金量、市场原料供应充足程度、采购运输方便程度等因素。

每到某种原料的订货日，采购员应对该原料的库存进行盘点，掌握原料的现存量与标准贮存量的差额，计算本次采购数量，计算公式为：

原料需购量＝标准贮存量－现存量＋原料日需要量×发货天数

定期采购法的优势在于，同类原料或同一供货商供应的原料，可定期在同一天采购，能减少采购次数。确定每项原料标准贮存量后，原料不会过量贮存，采购数量容易决策，还可减轻采购员工作量，使其将更多精力用于采购易坏性原料。但该方法也有缺点，若某些原料实际用量大大超过预计数，采用定期采购法不易发现原料短缺。为避免此缺陷，应配合订货点采购法运用。

（2）订货点采购法。

订货点采购法是通过查阅库存卡上原料的结存量，对达到或接近订货点贮存量的原料进行采购的方法。当某种原料经过使用后，其数量降至需要采购但又能够维持至新原料到来时的数量，该数量即称为订货点贮存量，也叫最低贮存量。其数量为原料发货期间消耗数量和保险贮存量之和：

订货点贮存量＝原料日需要量×发货天数＋保险贮存量

采用订货点采购法，原料的采购数量比较稳定。原料的采购数量是以原料标准贮存量减去订货点贮存量，再加上原料发货期的消耗量得出：

原料采购量＝标准贮存量－订货点贮存量＋原料日需要量×发货天数

使用订货点采购法要求在库房中对每种原料建立库存卡。收到原料后，必须在库存卡上登记正确的数量、单价和金额。发出的原料也要随时登记。库房中还需要有一套检查制度，检查哪些原料已经达到或接近订货点贮存量，并对这些原料确定采购数量和发出采购通知。

订货点采购法的优点是，建立原料库存卡和检查制度后，原料不足时能及时察觉并采购。由于每项原料都有标准贮存量，不会多购，能有效防止原料贮存量不足或过量贮存。

原料库存卡上规定每种原料的标准贮存量和订货点贮存量，并且记录了原料的结存量，因此在确定采购日期和采购数量时不必逐项检查原料的实际库存量，只要翻阅库存卡即可，这样能够节省人工工时；同时以这种方法采购，采购数量比较稳定，不需要每次决策，采购管理较方便。但该方法需要对原料进行不定期采购，采购和运输的工作量较大，而且库存卡上要准确登记进货量和发货量，登记工作也比较费时。

所以，许多酒店将上述两种方法结合运用。一方面，为各项库存原料建立库存卡；另一方面，对各类原料规定定期采购的日期。对一般库存原料，定期进行采购。同时，库房管理员经常查阅库存卡，随时关注达到订货点贮存量的原料，并发出采购通知。采购前不用清点实物的结存量，既节省了时间，又能使库存原料及时得到补足并有效受控。

四、餐饮原料采购的价格控制

餐饮原料的价格受多种因素影响，如市场供应情况、采购数量、原料质量、供应渠道、供货商的垄断程度、季节、消费趋势等，许多品种的原料在不同时期价格波动大。在菜单确定的情况下，餐厅的营业利润更多地取决于原料的采购成本。因此，在餐饮经营中要运用多种手段实施餐饮原料采购价格控制。

（1）规定采购价格。

（2）集中批量订货。

（3）控制贵重原料和大批量原料的购货权。

（4）减少供应环节。

（5）适时采购。

（6）规定供货单位和供货渠道。

（7）组建购买集团或采购中心。

任务三　餐饮原料验收管理

验收是餐饮经营管理和成本控制流程中的关键环节。餐饮原料的验收是指根据酒店或餐饮部制定的原料验收程序和原料质量标准，检验供应商发送或采购员购买的原料的质量、数量、单价和总额，将检验合格的原料送到仓库或厨房，并记录检验结果的过程。

一、建立完善的验收制度

（一）验收组织

（1）明确验收员的部门归属。

（2）明确验收体系的负责人。

（3）全方位、多角度地对验收工作进行检查和指导。

（二）人员配备

验收员的招聘由酒店人事部门负责，审查应聘人员的资历，然后会同财务部门和营业部门主管人员决定人员的录用。最好是从库房、厨房中发现人才，这些人员具备一定的食品知识和经验。

酒店应制订培训计划，对所有验收员进行培训。在某些大型酒店里，员工定期轮岗，培训就显得更为重要。

验收员应对采购的餐饮原料进行数量盘点和质量检验。验收员必须懂得：未经经营管理人员同意，任何人无权变更采购规格。在工作中，验收员需和采购员、餐饮部经理、厨师等加强交流，虚心学习，丰富自身知识和经验。

（三）验收场地、设备和工具的配备

酒店一般设有验收处或验收办公室，通常位于酒店的后门或边门，宜靠近贮藏室，方便货物进出；也可靠近厨房加工场所，便于货物搬运，缩短搬运距离，减少工作失误；同时要有足够大的空地便于卸货。

磅秤是验收部门最重要的工具。验收处或验收办公室可配备重量等级不同的磅秤，并定期校准以确保称重精确度。有一种可记录的磅秤，能将餐饮原料的准确重量印在发票或收据上面，不仅可以节省人力，还可以减少手工计数的错漏。

验收处或验收办公室还应有直尺、温度计、小起货钩、纸板箱切割工具、铁榔头、铁皮条切割工具等，以及有足够数量的公文柜，用于存放“验收单”“验收日报表”等各种表格。

（四）科学的验收程序和良好的验收习惯

原料验收程序规定了验收员的岗位职责和开展验收工作的方法，使验收工作规范化。验收员要按照程序进行验收，养成良好的工作习惯，提高验收工作效率。

（五）做好防止原料损失工作

（1）指定专人负责验收工作，不能随意由有空的人来验收。

（2）验收工作和采购工作分别由专人负责，条件允许时，验收员和采购员各设数名。

（3）如果验收员兼管其他工作，应尽可能将交货时间安排在其相对空闲时段。

（4）原料应运送到指定验收区域。

（5）验收之后，尽快将原料送入贮藏室，防止原料变质和损耗。

（6）不允许推销员、送货员等进入贮藏室。

二、制定科学的验收控制程序

（1）核对订购单和发货票（见表 6－4）。

表 6－4　发货票

<table>
<tr><td colspan="2">户名：北京市水产公司
开户行：×××××××</td><td colspan="3">账户号码：×××××××
年　　月　　日</td></tr>
<tr><td>项目</td><td>单位</td><td>数量</td><td>单价</td><td>小计</td></tr>
<tr><td></td><td></td><td></td><td></td><td></td></tr>
<tr><td></td><td></td><td></td><td></td><td></td></tr>
<tr><td></td><td></td><td></td><td></td><td></td></tr>
<tr><td></td><td></td><td></td><td></td><td></td></tr>
<tr><td colspan="3">验收日期：
采购员签字：
同意付款签字：</td><td colspan="2">验收员签字：
成本核算员签字：</td></tr>
</table>

（2）检查原料质量。

（3）检查原料数量。

1）若有外包装，先拆掉外包装再称重。

2）对于密封的箱子或用其他容器盛装的物品，应打开进行抽样检查，查看里面的物品数量与重量是否与容器上标明的一致，再计算总数。但贵重原料仍需全部打开点数。

3）对于未密封的箱装原料，应按箱仔细点数或称重。

4）检查单位重量。除了检查总重量外，还应抽查单位重量是否在验收规格规定范围内。

（4）在发货票上签名。

所有送货都应有发货票。送货员呈给验收员的发货票有两联，验收员在发货票上签名后将第二联退还送货员，以示购货单位收到了货物。第一联交财务部门作为付款凭证。发货票上面应该有价格，验收员要仔细核查，避免出现错误。

（5）填写验收单（见表6－5）。

表6－5 验收单

酒店： 供货单位： 供货单位地址： 订购单编号：			票据编号： 日期：		
货品编号	项目及规格	单位	数量	单价	合计金额
总计					

验收员： 送货员： 贮藏室管理员：

验收员确认所验收的这批原料在价格、质量、数量方面均与订购单或标准采购规格相符后，方可填写验收单。验收单一式四联：第一联交验收处；第二联交仓库（贮藏室）；第三联交成本控制办公室；第四联交财务部。验收员在验收单上填写供货单位、货品编号、项目及规格、单位、数量、单价、合计金额等内容，并签字确认，明确责任。

（6）退货处理。

若送来的原料不符合采购要求，应请示餐饮部经理或厨师长。若因生产需要决定不退货，应由厨师长或有关决策人员在验收单上签字确认；若决定退货，应填写退货单（见表6－6），在退货单上填写所退货物名称、退货原因及其他内容，并要求送货员签字。

表6－6　退货单

（副本储存）　　　　编号：

发自：＿＿＿＿＿＿　　　　交至：＿＿＿＿＿＿

＿＿＿＿＿＿　　　　＿＿＿＿＿＿

＿＿＿＿＿＿　　　　＿＿＿＿＿＿

＿＿＿＿＿＿　　　　＿＿＿＿＿＿

发票号码：　　　　开具发票日期：

货物名称	货号	单位	数量	单价	总价

退货原因：＿＿＿＿＿＿＿＿

＿＿＿＿＿＿＿＿　　　　总计：＿＿＿元

送货员签字：　　　　负责人签字：

退货单一式三联：一联留验收处，一联交送货员带回供货单位，一联交财务部。要及时通知供货单位本酒店已退货，如果供货单位要求重发，新送来的货物按常规验收流程处理。交货中如有腐烂原料，退货后应向采购部有关人员报告并处理。

（7）盖“验收章”。

验收员完成原料验收及必要的退货处理后，可在获准接收的原料发货票上盖“验收章”，并把盖有“验收章”的发货票贴在验收单上，以便送交财务部。

（8）在货物包装上注明货物信息。

在货物包装上注明收货日期，有助于判断存货流转方法是否有效；同时标明单价、重量等信息，则存货计价时不必再查阅验收报表或发货票。

验收时，验收员还需对冷冻原料加系存货标签，如表 6－7 所示。标签有正、副两联（也可是上下或左右两联），正联由验收员用绳子系在原料外包装或者直接系在原料上；副联与验收单一起交成本控制办公室。

表 6－7　冷冻原料存货标签

标签号： 收货日期： 项目： 重量/单价/成本： 发料日期： 供货单位：	标签号： 收货日期： 项目： 重量/单价/成本： 发料日期： 供货单位：

厨房领料时，连同存货标签一起领走。领料后，解下存货标签，加锁保管。原料用完后将存货标签送食品会计师处，核算当天鱼类、肉类等食品成本。食品成本控制师核对由其保管的副标签和厨房送来的正标签，根据未使用的存货标签盘点存货。若发现存货短缺，应分析原因。

（9）将到货原料送到贮藏室、厨房。

收到的原料，一部分直接送到厨房，称作“直接采购原料”；另一部分送到贮藏室，称作“库房采购原料”。出于质量和安全考虑，验收员应负责将原料送到贮藏室。验收员把验收单第二联交给贮藏室管理员，后者根据验收单再次验收，然后入库贮存。

为了便于进行食品成本核算，验收员要在发票上明显的地方逐项注明哪一项是直接送厨房的，哪一项是送贮藏室的；或者根据不同的送货地点，使用不同颜色的发票，以方便送货，并凭此编制验收日报表（见表 6－8 和表 6－9）。

（10）填写验收日报表。

验收员每日将经验收合格签字的账单，连同验收日报表送到财务部。成本核算员收到验收日报表后，记下直接采购食品的金额，计算当日各厨房的食品成本。库房管理员要登记各项原料入库的数量和金额。月末时，汇总每日验收日报表的“直接采购食品”金额和“库房采购食品”金额，得到食品月报表上本月厨房采购额数据和本月库房采购额数据。

饮料采购额数据以同样方法计算。

表 6－8　食品验收日报表

日期　　　　年　　月　　日　　编号：12345

货品名称	供应商名称	发票号	质量（kg）	单价（元）	金额（元）	直接采购食品				库房采购食品					
						一厨房		二厨房		一号库		二号库		三号库	
						质量（kg）	金额（元）	质量（kg）	金额（元）	质量（kg）	金额（元）	质量（kg）	金额（元）	质量（kg）	金额（元）
二级猪排	区副食品公司	34670	50	10.00	500.00					50	500.00				
二级小牛肉	区副食品公司	34670	35	12.00	420.00					35	420.00				
一级猪里脊	区副食品公司	34670	25	11.00	275.00					25	275.00				
青豆罐头	××罐头食品厂	25681	5	35.00	175.00							5	175.00		
蘑菇罐头	××罐头食品厂	25681	6	30.00	180.00							6	180.00		
合计	￥1 550.00														
活鲤鱼	××副食品店	34671	10	10.00	100.00					10	100.00				
活青鱼	××副食品店	34671	6	12.00	72.00			6	72.00						
鲜猪肉（瘦猪肉）	××副食品店	34671	10	10.00	100.00	3	30.00	7	70.00						
四季豆	桥仙菜场	25682	12	1.60	19.20	12	19.20								
生菜	桥仙菜场	25682	5	1.70	8.50	4	6.80	1	1.70						
葡萄	大兴果品店	25683	10	2.20	22.00	6	13.20	4	8.80						
桃	大兴果品店	25683	8	1.80	14.40	6	10.80	2	3.60						
合计	￥336.10														
总计	￥1 886.10														

表 6-9　饮料验收日报表

货品名称	供应商名称	发票号	箱数	瓶数	每瓶容量（mL）	每瓶单价（元）	每箱单价（元）	总金额（元）
黑牌苏格兰威士忌	×××酒公司	34781	5	12	700	120.00	1 440	7 200
路易老爷白兰地	×××酒公司	34781	4	12	750	50.00	600	2 400
四玫瑰波本威士忌	×××酒公司	34781	4	12	750	70.00	840	3 360
贝克啤酒	金钥匙集团	34782	30	24	355	3.50	84	2 520
龙徽干白葡萄酒	正泰公司	34783	20	10	500	5.00	50	1 000
总计	¥16 480							

任务四　餐饮原料的贮存与发放管理

一、餐饮原料的贮存

（一）库房的分类

由于不同原料需要在不同的温度、湿度条件下保存，因此，应设置不同功能的储存库房。

（1）按地点分类，可分为中心库房（酒店总库房）和各厨房贮存处。

（2）按原料的用途分类，可分为食品库房、酒水饮料库房和非食用原料库房。

（3）按储存条件分类，可分为干藏库房、冷藏库房和冷冻库房。

（二）库房的位置

理想的库房位置应设在原料验收处和厨房之间，最好与两者都接近，有可以让货车自如通行的合适通道，以缩短原料的搬运距离，确保原料的贮存和发放方便、迅速。酒水贮存处应尽可能靠近酒吧。

如果酒店建筑结构特殊，厨房与验收处不处于同一楼层，可考虑把库房设在验收处附近，方便原料及时入库；或者设在地下室，因其避光，温度、湿度容易控制，有利于原料保存。

当中心仓库与各厨房相距较远时，各厨房需制订较为周密合理的用料计划，减少领料次数。

小贴士

库房位置应满足以下要求：(1) 确保贮存、发料迅速；(2) 降低劳动强度；(3) 确保安全。

(三) 各类库房的贮存要求

1. 中心库房和厨房贮存处

酒店一般设有中心库房和各厨房贮存处。急需使用的原料直接发送厨房，可节省时间和人力。中心库房一般贮存保存期较长、体积较大的原料。一般来说，厨房贮存的原料不宜太多，放每日需用的货品（如调料等）和当天使用的原料即可。原因有二：一是厨房对原料管控难，容易丢失；二是厨房环境不利于原料保护，原料容易变质。

中心库房一般由专职管理员管理，需要建立完整的管理、清点、进货、发货制度，并全面建卡记账，确保原料管理水平。每日需用的原料用小车从中心库房运到厨房。

2. 干藏库房

干藏库房用于存放罐头食品、干果、粮食、香料及干性食品原料。干藏库房一般不需要供热和制冷设备，其最佳温度为15℃～20℃。温度较低时，原料的保存期更长。如果干藏库房无空调设备，原料应远离发热装置存放并做好防晒。

干藏库房应保持相对干燥，相对湿度控制在50％～60％。要防止库房的墙、地面返潮及管道滴水等增加湿度。干藏库房应挂有湿度计和温度计，供保管员随时监测。为保持空气干燥，干藏库房要保持通风良好，每小时至少应保持空气交换四次。

3. 冷藏库房

冷藏库房主要存放蔬菜、水果、蛋、黄油、牛奶及需要保鲜的禽、鱼、肉类原料。冷藏是利用低温抑制细菌繁殖的原理来延长原料的保存期，提高原料保存质量。酒店常用冰箱、冷藏室对原料进行低温贮存。不同的原料需要不同的贮存温度。冷藏室的温度宜控制在4℃以下。

食品冷藏时应注意以下几方面：

（1）冷藏食品应经过初加工，并用保鲜纸包裹，以防污染和干缩；存放时应用合适盛器，盛器必须干净。

（2）热食品应待凉后冷藏并加盖，避免吸收冰箱气味和被污染。

（3）食品放置要保持间距，不可堆积过高，防止冷气流通受阻。

（4）包装食品注意防水，不可存放在地上。

（5）易腐食品要每天检查，发现腐烂及时处理。

（6）鱼虾类要与其他食品分开放置，奶制品要与有明显气味的食品分开放置。

（7）存、取时尽量缩短开启冷藏库房门的时间，减少开启次数，防止库温波动。

（8）随时关注冷藏温度。

（9）定期清洁冷藏间。

4. 冷冻库房

冷冻库房主要存放需较长时间保存的冷冻肉、水产品、禽类和已加工的成品或半成品食物。冷冻技术能够延长食物的贮存时间，便于批量购买原料，减少采购、验收、运输工作量。但长期冷冻贮存会使食物的营养成分、香味、质地、色泽下降。

要使冷冻贮存保质良好，应做到以下几点：

（1）掌握食品品质。了解冷冻贮存食品的质量情况。

（2）冷冻速度要快。食品冷冻贮存可分为三个步骤：降温—冷冻—贮存。为保证食品质量，要求食品降温和冷冻过程十分迅速。

（3）冷冻贮存温度要低。食品冷冻贮存的一般温度宜在－18℃。食品冷冻可延长贮存时间，但并非无期限，一般冷冻贮存不要超过三个月。

（4）规范验收。冷冻食品验收要迅速，不能解冻后再贮存。

（5）食品解冻处理应适当。鱼、肉、禽类食品宜解冻后再加工。各类食品应分别解冻，并应在低于 8℃的温度下解冻。如果时间紧迫，可将食物用洁净的塑料袋盛装，放在冷水中浸泡或用冷水冲洗以助解冻。冷冻的春卷、饺子等，不用解冻便可直接烹调，解冻反而可能影响色泽和外形。

5. 酒水饮料库房

酒水饮料库房用于存放各种软饮料、果汁和酒类。一般酒水可以在常温下贮存。如果有些酒水需要稳定的温度，则在极端温度条件下应使用空调调节温度。有些酒品价格昂贵，应采用严格的安保措施，库房要随时上锁并设专人看管。

（四）原料的库存安排

原料的库存安排合理，便于入库上架、清仓盘点和领用发放，从而提高工作效率。

1. 分区分类

根据原料的类别，合理地规划存放区域。同一品种的原料不能放在两个不同的位置，否则容易被遗忘，也给盘点带来麻烦，甚至可能造成采购过量。若条件许可，不同类的原料应尽可能贮存在不同的区域。如鸡蛋多孔，容易吸附气味，不宜同其他带气味原料一起贮存。

对原料进行分类存放时，可采用“四号定位”和“五五摆放”法，以便于原料发料与盘点清仓。

(1)“四号定位”法。

用库号、架号、层号、位号四个号码来表示原料在库房中的位置。任何原料都要对号入位，并在该原料的货牌上注明与账页一致的编号。如鱿鱼干账页编号 1-4-2-7，即表示其存放在第一号仓库、第四号货架、第二层、第七货位。

(2)“五五摆放”法。

根据分类后的原料形状，以五为计算单位摆放，实现“五五成堆、五五成排、五五成行、五五成串、五五成捆、五五成层”。这种摆放方法让码放的原料整齐美观，也便于清点发放，可充分利用库容。“五五摆放”法适用于储存包装较规范的箱、罐、瓶、盒装原料。

2. 先进先出

库房管理员应确保先到的原料先用，实现原料循环使用。为此，要把新到的原料放在旧原料后面，这样旧原料能先使用。盘点库存物资时，发现贮存时间较长的物资应列在清单上，请主厨及时使用。

3. 常用原料便捷存放

安排原料贮存位置时，将常用原料放在尽可能接近出入口及方便取拿处。重的、体积大的原料放在低处并接近通道和出入口，可降低劳动强度、节省搬运时间。

4. 原料上架存放

任何原料均不能直接放在地上，而应放在透气货架上。最底层货架应离地 15～20cm，以便于空气流动和库房清扫。底层货架用于存放体积大、重量重的原料。为防止墙壁反潮，原料存放不宜贴墙，原料离墙至少 5cm。若库房面积许可，货架最高层不要超过 2 米，避免借助凳子或梯子装货、取货。

（五）原料贮存管理基本制度

（1）“四禁”制度。禁止无关人员入库；禁止为个人存放物品；禁止在库房饮酒；禁止危险物品入库。

（2）“四不”制度。采购人员不购腐败变质的原料；库房人员不收腐败变质的原料；厨房人员不用腐败变质的原料制作食品；销售人员不售变质变味的食品。

（3）“四隔离”制度。在食品原料保管、储存过程中，坚持生、熟隔离，成品和半成品隔离，食物和杂物、药物隔离，食品和天然冰隔离。预防食物污染和食物中毒。

（4）“三先一不”原则。在原料出库管理中，坚持先进先出，易腐易变的先出，有效期短的先出，腐败变质的不出，及时报损处理。

（5）“三防”制度。认真做好防火、防盗、防毒工作。一切进库人员，不得携带火种、背包、手提袋等；因业务工作需要进入库房的人员，入库前要办理入库登记手续，并由库房管理人员陪同，不得擅自入库；凡入库人员工作完毕，出库时应主动请库房管理人员检查；库房范围及库房办公地点，不得会客；库房周围不得生火，也不准堆放易燃易爆物品；库房每月要检查防火、防盗、防毒等设施，接受安全部门的检查、监督，以确保库房安全。

（六）原料贮存管理方法

（1）做好入库验收工作，严格按照原料验收程序办理入库手续，填写入库验收单。

（2）采用货品库存卡（见表 6－10）制度，对每种货品的入库和发料，正确做好数量、金额记录，记载各种货品的结存量。

货品库存卡的内容主要包括以下五部分：

1）进货信息：货品库存卡上有货品进货的日期、账单号、数量、单价、金额。

2）发货信息：货品库存卡上登记有发料的数量、单价和金额。每发出一笔料都要有发货日期以及相对应的领料单号。

3）结存量信息：货品库存卡上记载着货品结存的数量、单价和金额。将货品库存卡上的结存数量与实物数量核对，便于控制货品的短缺。

4）采购信息：货品库存卡上有各货品的标准贮存量、订货点贮存量、订货量和订货日。货品在规定的订货日定期采购，采购员根据货品库存卡上的结存数量将货品补充到标准贮存量。如果在规定的采购日以前货品已减少到订货点贮存量，则可根据库存卡上的订货量进行采购。

表 6-10 货品库存卡

进货						发货						结存量			库存盘点日期
日期		账单号	数量（听）	单价（元）	金额（元）	日期		领料单号	数量（听）	单价（元）	金额（元）	数量（听）	单价	金额（元）	
10	1	01467	300	12.60	3 780	10	1	1256	26	12.8	332.80	52 326	12.8 12.8/12.6	665.60 4 112.80	
						10	2	1574	28	12.80 12.60	358	298	12.6	3 754.80	
						10	3	2403	23	12.60	289.80	275	12.6	3 465	
						10	4	2708	29	12.60	365.40	246	12.6	3 099.60	
						10	5	2918	25	12.60	315	221	12.6	2 784.60	
						10	6	3719	27	12.60	340.20	194	12.6	2 444.40	
						10	7	3902	26	12.60	327.60	168	12.6	2 116.80	
						10	8	3919	24	12.60	302.40	144	12.6	1 814.40	
						10	9	4104	23	12.60	289.80	121	12.6	1 524.60	
						10	10	4215	22	12.60	277.20	99	12.6	1 247.40	
10	11	03678	250	13.00	3 250	10	11	5101	26	12.60	327.60	323	12.6/13.0	4 169.80	
标准贮存量			订货点贮存量		单位	订货量		订货日			货架号	货位号	价格	货名	
350			90		听	300		每月 1 日、10 日、30 日			AI-3	045		3#蘑菇罐头	

5）货品位置信息：货品库存卡标明货品的货架号和货位号，二者结合就是该货品的货号。这些号码标明货品贮存的位置。

（3）使用货品标牌（见图6－1）。货品标牌是挂贴在贮存货品上的一种库房管理工具。货品标牌上提供进货日期、供货单位及货品的品名、数量或重量、单价和总金额。这些信息由验收员在货品进货时填写。

进货日期__________
供货单位__________
货品品名__________
数量或重量__________
单价__________
总金额__________

图6－1　货品标牌

（4）库房必须设专门的库房管理员，负责库房原料的入库验收、贮藏保管、出库发货、库存盘点、报表送达和安全卫生等各项日常管理工作。

二、餐饮原料的发放

（一）原料发放管理要求

1. 定时发放

一般要求领料部门提前一天送交领料单，并在规定的时间段到库房领料，其他时间除紧急情况外不予领料。如有的酒店规定上午两个小时（8:00～10:00）和下午两个小时（14:00～16:00）为库房发料时间。

2. 凭领料单发放

领料单是库房发出原料的原始凭证，准确记录库房向各厨房发放的原料数量和金额，如表6－11所示。领料单具有三大作用：（1）控制库房的库存；（2）核算各厨房的餐饮成本；（3）控制领料量。

表6－11　食品原料领料单

领料部门：　　　　　　　　仓库类别：　　　　　　　　日期：

品名	货号	领取数量（箱）	实发数量（箱）	单价（元）	金额（元）
3＃西红柿罐头	G2－7	2	2	29.00	58.00
2＃青豆罐头	G2－10	3	3	23.00	69.00

续表

品名	货号	领取数量（箱）	实发数量（箱）	单价（元）	金额（元）
本月领料总金额	¥127.00				
本月累计总金额					

领料人：　　　　审批人：　　　　发料人：

领料单上要列出请领原料的品名和数量，以及实发原料的数量、单价和金额，且必须由厨师长核准签字后，库房才能发料。库房发料后，发料人和收料人都要签字确认。领料单如有空白处，应当着领料人的面划掉，防止管理员私自填写。领料单一式三联：一联随原料交回领料部门，一联转财务部，一联由库房留存，用于汇总每日的领料总额。

3. 正确计价

原料从库房发出后，库房管理员有责任在领料单上列出各项原料的单价，算出各项原料的金额，并汇总每份单据上的总金额。

肉类及其他冷冻食品发出后，解下系在原料上的标牌，按标牌上的单价和金额记在领料单上。如果一张领料单需要好几种原料，则按标牌上的不同价格分别计算原料金额，最后汇总。

干货及其他食品，一般价格和规格比较稳定，在发放时只需在领料单上填写实发数量，再乘以每件原料的成本单价，计算出领料总额。

有许多原料价格常有波动，原料入库时在贮存的盛器上应贴上标牌，注明数量和单价，领料时按标牌上的价格计算领料总额。

在实践中可以根据酒店的财务制度，选择先进先出法、最后进价法、平均价格法、实际进价法等计价方法中的一种来计价。

（二）不同原料的发放管理

1. 直接采购原料的发放

直接采购原料从验收区直接送到厨房，食品成本核算员在计算当日直接采购原料的成本时，抄录验收日报表中的直接采购原料总金额即可。有时一批直接采购原料当天未用完，剩余部分在第二天、第三天接着用，但需要注意的是，无论是原料的发放还是成本的计算，都按当天厨房的进料额核算。

2. 库房采购原料的发放

验收后入库贮存的原料，其价值先记录在财务账册的流动资产原料库存项内，而不是直接算作成本。原料从库房发出后，其价值从原料库存转移到餐饮成本，因此发料要做好记录。

每日库房发出的原料都要登记在库房食品原料发料日报表（见表6－12）上，该报表汇总每日库房发料的品名、数量和金额，并明确原料成本分摊的部门，注明领料单号。每月末，汇总库房食品原料发料日报表的发料总额，即可得到本月库房发料总额。

表6－12　库房食品原料发料日报表

货号	品名	数量（听）	单价（元）	金额（元）	成本分摊部门	领料单号	备注
AI－3023	3＃蘑菇罐头	20	12	240	中厨房	2345	
AI－3019	2＃瓶装玉米笋	30	6	180	中厨房	2345	

本日发料汇总：________　发料项目数：________　总金额：________　制表人：________

3. 酒水的发放

由于酒水容易丢失，且一些名贵酒价格较高，为降低风险，酒店往往对每个营业点确定标准贮存量（一般是日均消耗量的2～3倍）。通常不允许酒吧领用超过贮存量的酒水。

对于名贵酒，领用不仅要有领料单，还要核查酒吧和餐厅退回的空瓶或整瓶销售报告单。每天退回的空瓶数应是昨日的消耗量，每日领取数量实际上是昨日耗用数量。例如，酒吧中轩尼诗XO的标准贮存量是5瓶，用完2瓶后，领料时送回空瓶再领取2瓶，这样每天营业开始时，轩尼诗XO始终保持5瓶标准贮存量。如果有的客人买走整瓶酒，服务员无法收回空瓶，这时就需填写整瓶销售报告单。领料时以此代替空瓶作为领料凭证。

在一些特殊的销售活动（如宴会、团体用餐）中，无法设立标准贮存量，一般领取的酒水数量大于预计的使用量。活动结束后，应将未销售完的酒水退回，退回的酒水填写在食品饮料内部调拨单上。

4. 食品饮料的内部调拨

大型酒店往往设有多个厨房、酒吧，厨房之间、酒吧之间经常会发生食品和酒水的相互调拨。为了明确成本与收入的对应关系，使各部门的成本核算尽可能准确，酒店有必要使用食品饮料内部调拨单（见表6－13），以记录所有的调拨往来。

表 6-13 食品饮料内部调拨单

编号：3422 调出部门：酒吧		日期：2025 年 5 月 5 日 调入部门：主厨房	
品名	数量（瓶）	单价（元）	金额（元）
雪利酒	1	11.89	11.89
威龙干红葡萄酒	1	25	25
金额总计			36.89
发货人： 收货人：		发货部门主管： 收货部门主管：	

在统计某部门的成本时，要减去该部门调出原料的金额，加上调入原料的金额。食品饮料内部调拨单一式三份或四份，调入与调出部门各一份，交财务部一份，有的酒店要求给库房记账一份。

三、库存盘点控制

（一）库存盘点的意义

餐饮部门原料流动性大，为了及时掌握原料库存变化情况，必须对库存原料进行盘点。库存盘点的意义如下：

（1）库存盘点能全面清点库房和厨房的库存物资，检查原料的实际存货额是否与账面额相符，以便管控库存物资的短缺。

（2）管理人员能掌握原料使用情况，分析原料管理过程中各环节现状。

（3）能计算和核实每月月末的库存额和餐饮成本消耗，为编制每月资金平衡表和经营情况表提供依据。

（二）库存盘点的时间

一般而言，餐饮部门每年、季、月末都要配合财务核算，对餐饮原料例行库存盘点。除此之外，在遇到以下情况时也应进行库存盘点：新开酒店营业前；关、停、并、转企业的结算时期；库管人员更换交接之际；企业定期或不定期检查时。

（三）库存盘点的内容和程序

库存盘点作为库存管控的一种手段，必须由财务部人员与库房管理员共同进行。盘点时，要对每一种库存原料进行实地点数，具体程序如下：

（1）制作存货清单。先行编制存货清单，为后续盘点工作奠定基础。

（2）库存卡结算。对库存卡进行结算，明晰库存原料的账面情况。

（3）库存实物盘点。实地清点库存原料数量，确保账实相符。

（4）核对。将实物盘点结果与库存卡等记录核对，查找差异。

（5）计算盘点清单上的库存品价值。依据盘点结果，计算库存品价值。

盘点完毕，以实际库存金额记账替代账面数字，计算出各种原料价值和库存原料金额，作为月末库存额。月末库存额自然转结成下月初库存额。月末实际库存额与账面库存额的差额计入资金平衡表的流动资产占用项“待处理流动资产损失”，数量不大的金额直接计入餐饮成本。

（四）库存原料的计价方法

1. 实际进价法

如果酒店在库存原料上粘贴或挂有注明进货单价的货品标牌，采用实际进价法计算库存原料价值较为简便合理。

2. 先进先出法

未用货品标牌注明价值的，可按照货品库存卡上进料日期的先后，采用先进先出法。即先购进的原料先发料计价，剩余原料以最近进货价格计算。

3. 最后进价法

如果酒店进货记录不全，没有使用货品标牌和货品库存卡，可采用最后进价法来估计原料的库存价值。最后进价法是一律以最后一次进货的价格来计算库存的价值，计价简单，但月末库存额计算不太精确，往往会偏高或偏低。

4. 平均价格法

平均价格法是将全月可动用原料的总价值除以总数量计算出单价的方法。如果酒店贮存的原料数量较大、市场价格波动大，可采用平均价格法。平均价格法需要计算可动用原料的全部价值和平均价格，比较费时，应用不广泛。

用上述几种方法计价，会使月末库存额的价值不一。酒店要根据财务制度和库存管理制度确定一种计价方法，并统一按该计价方法计算，不得随意变更。

（五）库存指标控制

1. 库存短缺率

按照原料实际盘点数量，运用特定计价方法得出库房月末实际库存额后，为了解实际库存额有无短缺及短缺程度，需将实际库存额与账面库存额作一比较，分析短缺额和短缺率。相关计算公式如下：

库存短缺额＝账面库存额－实际库存额

账面库存额＝月初库房库存额＋本月库房采购额－本月库房发料额

库存短缺率＝库存短缺额÷发料总额×100％

理想状态下，账面库存额和实际库存额应该相同，然而多数情况下二者存在差异，进而造成库存短缺。

小贴士

根据国际惯例，库存短缺率不应超过1％，否则为不正常短缺，应查明原因。

2. 库存周转率

库存周转率用于反映原料在库存中的周转情况，能体现原料贮备量是适度、充足还是过量。

库存周转率大，说明每月库存周转次数多，相对库存的消耗量来说，库存量较少。库存周转率受诸多因素影响，如酒店地理位置、采购方便程度、所需储备原料数量等。一般来说，食品原料的库存周转率以每月 2～4 次为宜。其中，鲜货原料每天周转一次，干货原料数周或数月周转一次。饮料一般不直接发送厨房或酒吧，因而饮料库存周转率稍低，每月 0.5～1 次；一些高档酒也许一年采购一次，而用量大的啤酒或许每天进货。

对管理者来说，重要的是注意库存周转率的变化。如果酒店正常周转率为每月 2 次，但某月周转率增加或降低很多，就要查明原因。库存周转率太高，可能贮备的原料会供不应求；库存周转率太低，又会积压过多资金。因此，管理人员应经常分析库存周转率变化，保证库存规模适度。

（六）厨房库存物品价值的计算

每日从验收处向厨房直接发送的原料，以及库房向厨房发出的原料，不可能一天全部消耗完，厨房会存有一定原料、半成品和成品。如果对这些库存物品不加清点，会使厨房贮存物资失控，还会使财务报表上反映的资产、经营和成本消耗情况失真。

由于厨房一般没有库存记录统计制度和库存卡，原料单价难以掌握，且原料品种多、数量少、耗用频繁，客观上盘点计算比较困难，因此对这些原料价值的计算方法有别于库房原料。

厨房盘点计算原料价值的原则为：对主要原料进行盘点核算；对辅料、调味料等单位价值较低的原料做出估算。

具体方法：先累计需精确盘点的主要原料和价值较低的原料的数量与金额，计算出重点盘点的主要原料（如肉类、鱼类、禽类等）价值占全部原料价值（总库存额）的百分比。然后每个月末只盘点主要原料价值，通过其价值推算出厨房全部原料库存额的估计值。计算公式如下：

厨房总库存额＝主要原料价值÷主要原料占总库存额百分比

复习思考题

1. 简述餐饮原料的种类。

2. 什么是标准采购规格？使用标准采购规格的意义是什么？

3. 某酒店采用每两周一次的定期采购法，根据以下要求，计算樱桃罐头的标准贮存量和订货数量：

（1）如果樱桃罐头的正常消耗量是每周 28 听，酒店要求有一周的保险贮存量，请计算出标准贮存量。

（2）如果采购前库房里还有樱桃罐头 30 听，樱桃罐头的发货周期为 3 天，请计算酒店应采购多少樱桃罐头。

4. 某餐厅青岛啤酒的月销售量为 9 000 听，该啤酒的订货周期为 6 天，保险贮存量为 500 听，求该啤酒的订货点。

5. 餐饮原料验收的主要环节有哪些？如何通过验收控制采购原料的数量、质量和价格？

6. 餐饮原料的贮存需要用到哪些类别的库房？这些库房分别需要具备什么样的贮存条件？

7. 酒水发放有什么特殊要求？

案例分析

某酒店 1 月份库存额统计如下：

月初库房库存额	￥15 000
本月库房采购额	￥46 000
本月库房发料总额	￥43 780
月末实际盘点库存额	￥16 730

思考题：请计算该酒店该月库房的短缺率，判断其是否在正常范围，并计算其库存周转率。

项目七 餐饮成本控制与管理

知识目标

1. 了解餐饮成本构成及餐饮成本核算的方法；
2. 掌握食品成本控制、酒水成本控制的方法。

技能要求

熟练掌握餐饮成本核算的基本技能，能够有效进行餐饮成本控制。

引导案例

某酒店餐饮成本控制

1. 成本管理痛点

（1）成本差异大：实际成本与理论成本差距大，毛利率整体偏低。

（2）盘点问题：盘点时存在品项漏盘现象，成本管理缺乏准确性和精细化。

2. 改进措施

（1）梳理基础资料：明确品项与供货商分类原则，使用基础档案模板导入基础资料，捕捉成本管理漏洞。

（2）规范菜品标准成本卡：

1）完整性梳理：对所有菜品梳理成本卡，保证完整性，规范主料、辅料、调料信息。

2）毛利分析与验证：通过菜品毛利贡献分析，梳理验证异常毛利菜品，修改成本卡使其合理。

3）制度建设：制定成本卡管理制度，规范制作、新增、删减和维护流程。

3. 实施效果

毛利率显著提升并趋于稳定，成本管理取得巨大进步。

【评析】

该酒店通过梳理基础资料、规范菜品标准成本卡，对成本进行有效控制，提升了效益。

任务一　餐饮成本控制概述

一、餐饮成本构成

餐饮成本是凝结在餐饮产品中的原材料价值、劳动力价值及其他相关费用的货币表现，主要包括两方面：一是食品原材料价值，以及生产过程中厨房、餐厅设备和餐茶用品、水电燃料消耗等的价值，这部分价值有的以直接消耗形式、渐进消耗形式计入成本，成为餐饮成本的基本组成部分。二是在劳动力消耗中为维持劳动力的生产和再生产所需的价值，这部分价值以劳动工资和奖金福利形式计入成本，成为餐饮成本的必要组成部分。

餐饮成本核算以原材料成本为基础。在餐饮生产过程中，食品原材料有主料、配料和调料之分。主料是餐饮产品中的主要原材料，一般成本份额较大；配料是餐饮产品中的辅助原材料，其成本份额相对较小，但在不同花色品种中，配料种类各不相同，有的种类较少，有的达十种以上，使产品成本构成变得复杂；调料也是餐饮产品中的辅助原材料，主要起调节色、香、味、形的作用，调料品种越多，在餐饮产品中每种调料的用量则越少。食品原材料的主料、配料和调料价值共同构成菜肴成本。餐饮经营过程中，还要同时销售各种酒水饮料，由此，食品原材料成本和酒水饮料成本共同构成狭义的餐饮成本。

另外，从理论上讲，餐饮成本应当包括生产过程中的各种合理耗费。由于餐饮产品花色品种多，成本构成复杂，除食品原材料成本外，很难准确计算出每个菜肴应该分摊多少水费、电费、燃料费、家具折旧费、餐茶用品消耗等。因此，在实际工作中，为便于核算，往往将食品原材料之外的其他各种耗费都作为流通费用处理。

基于以上认识，食品原材料成本、酒水成本再加上餐饮经营中的其他各种合理耗费，就构成了广义的餐饮成本，如图 7 - 1 所示。

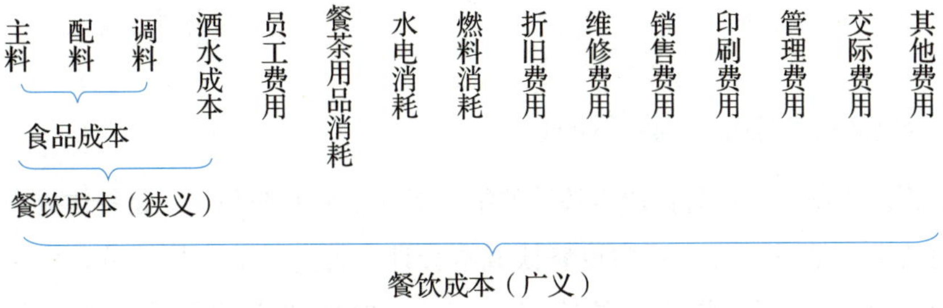

图 7 - 1　餐饮成本的构成

二、餐饮成本的特点

（一）变动成本比例大

餐饮部门的成本中，除食品、酒水的成本以外，还有物料消耗等变动成本。这些成本在销售费用中占比较大，并随着销售数量的增加而增加。餐饮成本中变动成本比例大的特点，意味着餐饮价格折扣的幅度不能太大。

（二）可控成本比例大

除销售费用中的折旧、维修等是餐饮管理人员不可控的费用外，其他大部分费用及食品、酒水成本都是餐饮管理人员能控制的。这些可控成本的多少与管理人员对成本控制的成效直接相关，且在营业收入中占比很大。这表明对餐饮成本的控制至关重要。

（三）成本泄漏点多

餐饮成本管理涉及诸多环节，每个环节都可能影响成本。

（1）菜单计划和菜品定价影响顾客对菜品的选择，决定菜品的成本率。

（2）对食品原材料的采购、验收控制不严，如采购价格过高、数量过多，采购的原材料不能如数入库，采购的原材料品质差等，都会造成成本提高。

（3）对贮存和发料控制不佳，会造成原材料变质或被偷盗、私用和丢失。

（4）对加工和烹调控制不严，不仅会影响食品的质量，还会提高食品的折损和流失量。此外，对加工和烹调数量不做好计划也会造成浪费。

（5）餐饮服务不仅会影响顾客的满意度，也会影响顾客对高价菜的挑选，从而影响成本率。

（6）餐饮推销的力度不仅影响收入，也影响成本率。例如，加强宴会上酒水饮料的推销会降低成本率。

任务二　餐饮成本核算的方法

一、餐饮成本核算的组织形式

根据管理体制不同，餐饮成本核算的组织形式主要有两种：一是餐饮成本核算归餐饮部门负责，见图 7－2。部门设餐饮成本会计，厨房设成本核算员。部门餐饮成本会计直接为财务部提供成本核算报表。二是餐饮成本核算由财务部负责，见图 7－3。财务部设餐饮成本会计，厨房设成本核算员。成本核算员归财务部餐饮成本会计管理，直接为餐饮成本会计提供核算资料。在实际工作中，绝大多数企业采用后者。

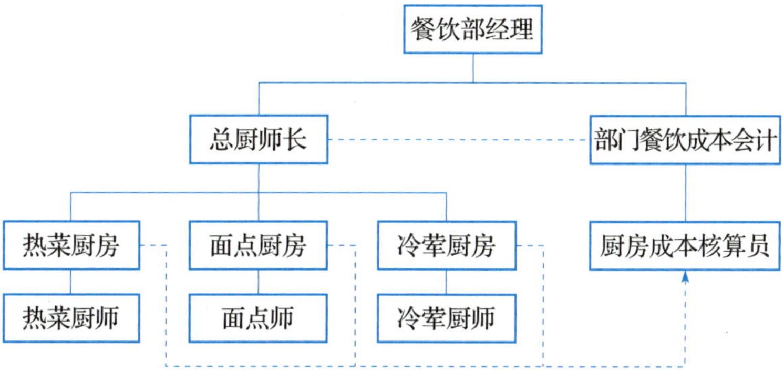

图 7-2　餐饮部成本核算组织形式

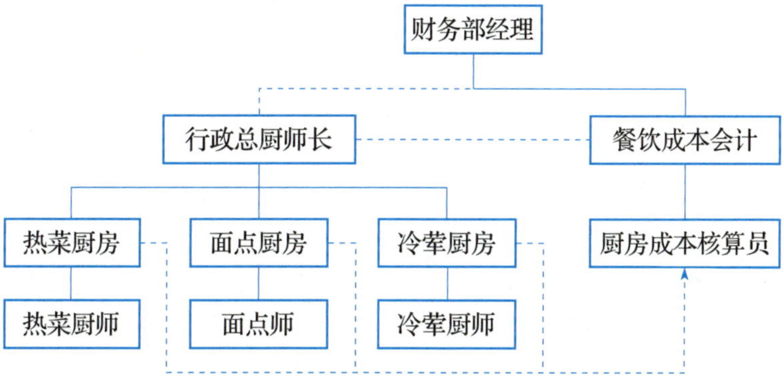

图 7-3　财务部成本核算组织形式

二、餐饮成本核算的基础工作

餐饮成本核算分厨房成本核算和会计成本核算两个方面。前者主要为厨房生产和产品定价服务，控制厨房实际成本消耗，同时为会计成本核算提供基础数据；后者主要从会计专业化管理角度核算各餐厅餐饮成本消耗及成本率，控制餐饮成本，同时为餐饮部门的经营管理提供依据。

（一）做好餐饮成本核算原始记录

原始记录是餐饮成本核算的依据。要正确进行餐饮成本核算，必须建立原始记录制度，对采购、储藏、领料、发料、生产、销售等各个环节都要做好原始记录，其内容主要包括原料进货发票、领料单、转账单、盘存单、原料耗损报告单（见表 7-1）、生产成本记录册（见表 7-2）、产品标准成本单（见表 7-3）、产品成本日报表（见表 7-4）等。

表 7-1　原料耗损报告单

原料	加工方式	标准耗损	实际耗损	单价	损失金额

表 7-2　生产成本记录册

产品	单位	生产量	单位成本	售价	成本	收入	成本率

表 7-3　产品标准成本单

原料	规格	单价	用量	成本	备注
照片：		质量标准：			烹制方法：

表 7-4　产品成本日报表

项目	上日结存	本日领料	转账单	本日调整	本日耗用	本日收入	成本率	成本差率
食品								
酒水								
合计								

（二）餐饮成本核算中衡器的使用

衡器是餐饮成本核算的必备计量工具。厨房为准确计量各种原材料的消耗，必须配备必要的衡器。用于餐饮的衡器主要有以下四种：

（1）台秤，用于大宗食品原材料计量。

（2）天平秤或电子秤，用于贵重食品原材料计量。

（3）案秤，用于一般食品原材料计量。

（4）量杯，用于调味品原材料计量。

餐厅应根据食品原材料的计量要求选择相应的衡器。

小贴士

在使用过程中，务必保证衡器的量度准确、灵敏度达标。长期使用时，要定期检查，加强保养，做到计量准确，防止产生误差。

三、餐饮成本核算方法

通常情况下，餐饮成本核算的方法有以下四种。

（一）顺序结转法

顺序结转法是根据餐饮产品生产步骤来核算成本，适用于分步加工、最后烹制的餐饮产品成本核算。该方法将产品的每一生产步骤都作为成本核算对象，依次将上一步骤的成本转入下一步骤的成本，逐步计算出产品成本。在餐饮管理中，大多数热菜食品都是分步加工的，如鱼香肉丝，其成本核算的过程是：先核定出肉丝、木耳、竹笋等的成本，然后相加，最后加上调料成本，进而形成餐饮产品成本。

（二）平行结转法

平行结转法主要适用于批量生产的餐饮产品成本核算，与顺序结转法存在区别。生产过程中，原料加工一般一步到位，形成净料或直接使用的食品原材料，只要将各种原料成本相加，即可得到产品成本。

如冷荤中的酱牛肉、酱猪肝等，这些食品在加工过程中，其各种原料成本是平行发生的，只要将各种同时发生的原料成本汇总，即可得到餐饮产品成本和单位成本。

（三）订单核算法

订单核算法是按客人订单来核算成本，主要适用于团队、会议、宴会等成本核算。这类客人用餐都会预订，且用餐标准十分明确。在成本核算时，首先根据订餐标准和用餐人数确定餐费收入，然后根据预订标准高低确定毛利率高低，算出一餐或一天的可容成本，最后在可容成本的开支范围内组织生产。

（四）分类核算法

分类核算法主要适用于餐饮成本核算员和餐饮成本会计的成本核算。如成本核算员每天核算成本消耗，先要将所有单据按生产区域分类，然后在每一个生产区域内将所有成本单据按食品和酒水分类，再按食品原料种类分类记账，最后分别核算出每个生产区域的各类原料成本。此外，在月度、季度成本核算中，还可以分别核算出蔬菜、肉类、鱼类成本或冷菜、热菜、面点、汤类等不同种类的餐饮产品成本。

任务三　食品成本控制

食品成本控制是餐饮成本管理的关键。在餐饮部门营业收入中，除去成本即为毛利。食品成本与营业收入之比，就是食品成本率。确定了食品成本率，餐饮管理人员就可以此为依据，分析食品成本控制的各个环节，努力控制成本。

食品成本控制贯穿于餐饮经营业务的全过程，主要包括食品采购控制、验收控制、库存控制、发料控制、生产控制、销售控制六个环节。

一、采购控制

（一）采购方面成本高的原因

（1）采购量过多。

（2）采购价格过高。

（3）未制定应对采购市场竞争的策略。

（4）未按采购规程说明书实施采购。

（5）采购员缺乏责任心。

（6）采购员与供货商关系协调不足。

（7）采购缺少成本预算。

（8）存在采购欺骗行为。

（9）未对原料采购账单及支付情况进行稽核。

（二）采购成本差额分析方法

采购成本控制是在采购预算安排和采购进货原始记录的基础上进行的。采购预算安排中的各种食品和酒水采购数量与规定价格形成标准采购成本。采购进货中入库验收的进货发票和原始记录形成实际采购成本。采购成本控制一般以月度为基础，分析两者之间的成本差额，实例如表 7－5 所示。

表 7-5 餐饮采购成本控制表

报告部门________ 月度________ 制表人________ 单位：元

原料	采购计划		实际采购		价格差	数量差	成本差
	数量	价格	数量	价格			
原料 1	150	2.85	158	2.92	158×(2.92－2.85)＝11.06	(158－150)×2.85＝22.80	11.06＋22.80＝33.86
原料 2	230	3.24	236	3.21	236×(3.21－3.24)＝－7.08	(236－230)×3.24＝19.44	19.44－(－7.08)＝12.36
原料 3	280	2.94	289	2.98	289×(2.98－2.94)＝11.56	(289－280)×2.94＝26.46	11.56＋26.46＝38.02
____年___月___日			合计		15.54	68.70	84.24

注：价格差是指由于实际采购价格相对于计划采购价格发生变化而引起的成本变动；数量差是指由于实际采购数量相对于计划采购数量发生变化而引起的成本变动。

在分析采购成本差额的基础上，管理人员要进一步查明造成价格差和数量差的具体原因。如价格差可能是市场物价变动造成的，也可能是采购人员价格控制不严、高价进货造成的。数量差可能是计划数量制定不合理造成的，也可能是实际进货过多或过少造成的。在查明具体原因的基础上，有针对性地提出具体控制办法，即可实现采购成本控制，降低成本消耗，逐步提高采购成本控制水平。

（三）采购阶段成本控制措施

1. 坚持使用采购规格标准

餐饮部门应根据烹制各种菜肴的实际要求，制定各类原料的采购规格标准，对采购原料从形状、色泽、包装等方面加以规定，并在采购工作中坚持使用。这不仅是保证餐饮成本、产品质量的有效措施，也是实现各种原料经济化使用的必要手段。

2. 严格控制采购数量

过量采购必然导致过多贮存，而过多贮存原料，不仅占用资金、增加仓库管理费用，还容易引发原料偷盗、变质、损耗等问题。因此，餐饮部门应根据营业情况、现有库存量、原料特点、市场供应状况等，力求使采购计划与实际需要相契合。

3. 采购价格必须合理

食品原料采购者应该在确保原料质量符合采购规格标准的前提下，尽可能争取最低价格。采购时，应货比三家后再做选择。

二、验收控制

（一）验收工作内容

（1）对所有验收的原料进行称量、计数和计量，并如实登记。

（2）核对交货数量与订购数量是否一致、交货数量与发货单填写数量是否一致。

（3）检查原料质量是否符合采购规格标准。

（4）检查购进价格是否和所报价格一致。

（5）如发现数量、质量、价格等方面存在出入或差错，应按规定拒收。

（6）尽快妥善储存各类原料。

（7）正确填制进货日报表、验收记录和肉签等票单。

（二）验收阶段成本控制措施

（1）检查验收的工作重点在于：是否按订货规格进行验收；箱装食品中间或底部有无异常。

（2）进货日报表中，应将生鲜食品、饮料、罐头等分别记录。在大型酒店中，还应将原料的发送地填写清楚，以便相关部门进行计量管理。

（3）验收时，如发现原料数量不足、规格有差别，或其他与要求不符的情况，要详细记录。验收记录一式三联，会计、采购员、验收员各执一联。采购员可凭此办理追加或退货手续。

（4）对于肉类等高价品，应在每块肉上加注肉签。肉签一式两份：一份夹在肉上，另一份由库房管理员保管。这样便于根据先入先出原则进行库存管理。

三、库存控制

库存控制不当，会引发原料变质或被偷盗、丢失和私用等情况，导致成本上升。

（一）库存方面成本高的原因

（1）储存区域没有合理划分，原料放置不当。

（2）储存温度与湿度不合适。

（3）储存的原料没有进行逐日检查。

（4）储存区域不卫生、通风不良。

（5）缺乏盘存记录和库存滞销报告。

（6）对原料储存和核发工作没有制定严格的规章制度。

（二）库存阶段成本控制措施

（1）原料的贮存保管工作应由专职人员负责，任何人未经允许不得进入库区。库门钥匙须由专人保管，门锁定期更换。

（2）对库存环境加强控制。不同的原料应有不同的贮存环境，如干货仓库、冷库、冷藏室等，一般原料和贵重原料应分开保管。库房设计建造必须符合安全、卫生要求，若条件允许，应在库区安装摄像头监控人员活动。

（3）原料贮存和保管应有严格的规程，其日常管理基本内容包括以下几个方面：

1）各类原料都有固定的贮藏位置，原料经验收后应尽快存放到位，避免因耽搁引起损失。

2）为有效防止生鲜食品腐烂，应严格控制保管温度，防止细菌繁殖。还应避免原料贮存时间过长，因为长时间贮存易导致原料减重、腐烂、鲜度下降。另外，仓库湿气较重，库存品最好放在距地面 10～15cm 的货架上，直接入口的食品要用塑料包装或纸包装保存。

3）要经常按易腐烂顺序检查库存品。其顺序为：贝类、鱼类、奶类、奶油类、蛋类、猪肉、鸡肉、牛肉。一旦发现异常原料，立即剔除，防止污染。如破损的罐头、生虫的谷类（粉类）、不明日期的贝类和奶类等。探索并采用先进的贮存方法，加强防腐工作，提高防腐效果。

4）各类原料入库时应注明进货日期，按照先进先出原则调整原料位置和发放顺序，保证原料质量，减少腐坏、霉变损耗。

5）定期检查记录干货仓库、冷藏室、冷库、冷藏箱柜等设施设备的温度，确保各类原料在温度和湿度合适的环境中贮存。

6）保持仓库区域清洁卫生，杜绝鼠害、虫害。

四、发料控制

（一）发料方面成本高的原因

（1）仓库发料缺乏控制与记录。

（2）发料时未关注原料价格。

（二）发料阶段成本控制措施

（1）使用领料单。任何原料的发放，必须以已经审批的领料单为凭据，以准确核算各领料部门的原料成本。同时，酒店应明确要求各部门提前提交领料单，方便仓库保管员有充足的时间准确准备原料。

（2）对于长期未使用的在库品，应主动提醒厨师长，避免造成积压。

（3）规定领料次数和时间。仓库全天开放，随时接受领料的做法并不科学，会助长厨房用料无计划的不良风气。因此，酒店应根据具体情况，规定仓库每天发料的次数和时间，促使厨房制订周密的用料计划，避免随意领料导致浪费。

五、生产控制

食品的具体生产过程，即食品原料的粗加工、切配以及烹调、装盘的整个过程，对食品成本也有很大影响。这些环节若缺乏管控，易造成原料浪费，成本增加。

（一）生产成本差额分析法

生产成本控制以厨房为基础，以食品原料为对象，根据实际成本消耗来进行。厨房餐饮产品生产花色品种多，各种产品既要事先制定标准成本，又要每天做好生产和销售的原始记录，然后通过统计分析，将实际成本和标准成本进行对比，确定成本差额，找出生产管理中的成本消耗问题，分析原因，提出改进措施。

一般来说，各种产品的成本率差额应控制在±1%～2%，如果出现偏差，应查明原因，针对成本差额太大的产品，对实际成本消耗采取控制措施。如改进食品原料粗加工、细加工，提高净料率；严格控制盘菜配料、用料，降低烹调加工损耗等。

（二）生产阶段成本控制措施

（1）切割、烹调测试。对于肉类、禽类、水产类及其他主要原料，应定期进行切割、烹调测试，掌握各类原料的出料率；制定各类原料的切割、烹调损耗许可范围；检查加工、切配工作的效果，防止和减少粗加工和切配过程中的原料浪费。

（2）对加工过程中的剔除部分（如肉骨头等）应尽量回收，提高利用率，实现物尽其用，降低成本。

（3）坚持标准投料量，这是控制成本的关键举措之一。在原料切配过程中，必须使用称具、量具，按照规定的投料量进行切配。厨房应将各类菜肴的主料、配料投料量规定制表张贴，以便员工遵照执行。

（4）切配时，根据原料的实际情况整料整用、大料大用、小料小用、下脚料综合利用，降低成本。

（5）控制菜肴分量。餐厅的不少菜肴是成批烹制的，成品装盘时必须按规定的分量操作，也就是按标准菜谱规定的分量装盘，否则会增加菜肴成本，影响毛利。

六、销售控制

（一）销售方面成本增加的原因

（1）未规定标准分量。

（2）服务时未使用标准器皿。

（3）未及时将菜肴送到餐桌上。

（4）粗心导致送错餐桌，而客人已经食用。

（5）操作不用心，造成浪费。

（6）已出厨房的菜肴未作记录。

（7）未留意客人“逃账”情况。

（8）存在偷窃行为。

（9）促销广告效果欠佳。

（10）缺乏销售比较和物品消耗标准。

（二）销售阶段成本控制措施

1. 有效使用订单控制营业收入

首先，服务员在接受顾客点菜时，必须用圆珠笔或签字笔将菜肴的名称填写在订单上，如果填写错误，应当划去。其次，厨师按订单要求烹制菜肴，不得烹制订单上未记录的菜肴。最后，各餐厅和酒吧应使用不同颜色的订单并编号，以便出现问题时能迅速查明原因并采取相应措施，防止类似问题再次发生。

2. 防止或减少因服务员违规操作造成的损失

当服务员违规操作而管理者未发现时，会导致成本上升。如有的服务员用同一份订单两次从厨房领菜，将其中一次的现金收入据为己有；有的服务员领用菜肴却不在订单上记录；有的服务员会少算亲友客账单金额或从亲友客账单上划去某些菜肴；还有的服务员偷吃菜肴。这些情况都会导致成本增加。

3. 抓好收款控制

服务员应做到：在客人点菜时，避免漏记或少记菜点；在客人消费结束时，防止漏账或逃账；在结账时，要在账单上准确填写每个菜点的价格，确保账单核算正确。另外，管理者要严防收款员或其他工作人员的贪污、舞弊行为，认真审核原始凭证。

任务四　酒水成本控制

酒水成本控制是指对餐饮部门各类酒及饮料的成本控制。酒水价格昂贵且容易携带，销售中稍有疏忽或失误就会影响餐饮部门的经济效益，因此必须严格管控。

一、酒水采购控制

酒水采购控制的主要目的是维持酒水生产所需各种配料的合理库存，保证各种配料质量符合使用要求，并实现以合理价格采购。

（一）选好采购人员

餐饮部必须有专人负责酒水采购工作。为便于管控，酒水采购人员不能同时从事酒水配料和销售工作。

（二）确定采购数量

要精准确定订货数量，最佳方式是采用永续盘存制。永续盘存制会注明各类酒、饮料应保存的标准存货数量。标准存货数量是指最理想的贮存数量，通常为在一定时期实时使用量的150%。永续盘存表还标明了最高存货量和最低存货量，其中最高存货量是管理人员规定的现有存货量可增加的上限，最低存货量实际上即订货点。

（三）保证采购质量

根据使用情况，酒水可分为指定牌号和通用牌号两种类型。只有在顾客明确说明需要特定牌子的酒水时，才供应指定牌号；若顾客未说明，则供应通用牌号。此外，确定酒水质量时，还需综合考量价格、顾客偏好、酒水销售状况等一系列因素。

二、酒水验收控制

酒水验收员的职责是根据订单检验酒水质量、数量是否达标，是否可以接收。

验收时，必须仔细清点瓶数、桶数，如按箱进货，验收员应开箱检查瓶数是否准确。如需了解整箱酒或饮料的重量，也可通过称重来检查。对于密封瓶子，还应抽查是否已启封或瓶盖是否松动。发现不符之处，应做好记录，并按规定处理。

验收后，验收员应在每张发票背面加盖验收章并签名，随后立即将酒水送到仓库储存。另外，验收员还应根据发票填写酒水验收日报表（见表7-6）、分类日报表（见表7-7），送交财务部，以便在进货日记账中入账。

表7-6　酒水验收日报表

供应单位	项目	箱数	每箱瓶数	每瓶容量	每瓶成本	每箱成本	小计

表7-7　分类日报表

果酒	烈酒	啤酒	甜酒	黄酒	……

酒水管理员：＿＿＿＿＿＿　　验收员：＿＿＿＿＿＿

三、酒水库存控制

一些高档酒价格昂贵，若库存管理不善，会大幅增加酒水成本。因此，酒水库存控制旨在防止酒水变质，避免酒水损耗。

（1）实行酒水库存卡制度，确定各类酒水（特别是销量大的品种）的标准库存量，规划酒水每日销售量，实行酒水的动态管理。

（2）实施永续盘存制，及时反馈库存变动情况。

（3）库房钥匙由专人保管。

四、酒水领发控制

（一）实行酒吧标准存货制

为了便于了解每天酒水、饮料领用数量，每个酒吧应备有一份标准存货表。例如，假设某种牌号白兰地的标准存货为 4 瓶，酒吧在每日营业前就应备有 4 瓶该牌号白兰地。酒吧标准存货制可保证酒吧各种酒水、饮料存货数量稳定，便于控制供应量。酒吧标准存货数量既要保证满足顾客需求，又不能存货过多。

对于特殊用途的酒水、饮料，酒吧应储备充足，以满足需求。在领（发）料工作中，常使用酒水库存卡（见表 7－8）和宴会酒水领料单（见表 7－9）。

表 7－8　酒水库存卡

编号：________　　规格：________　　品名：________

日期	入库	出库	结余	签名

表 7－9　宴会酒水领料单

宴会主办单位：____________　　日期：____________
宴会地点：____________　　酒吧服务员：____________

酒名	数量	最初发料	增发数量	退回数量	耗用数量	单位成本	总成本

申请人：__________　　领料人：__________　　发料人：__________　　回收人：__________

（二）酒瓶标记

发料前，应对酒瓶做好标记，标记应采用不易仿制的标识、代号或符号。不同酒吧可采用不同的标记，以防止服务员将自有酒水带入酒吧销售并私吞现金收入。

五、酒水生产、销售控制

（一）酒单

酒单如同菜单，是酒水最好的推销工具。一份设计精美的酒单往往会激发顾客的消费欲望，刺激消费，增加酒水的经济效益。酒单有多种，按照使用地点不同，可分为餐厅酒单和鸡尾酒单两大类。此外，也有根据季节或推销主题设计的酒单，如时令酒单、葡萄酒单等。不同的酒单，其内容和设计要求不同。总体来说，应做到各项酒水说明内容完整，定价合理；酒单清楚整洁，设计精美，别具特色。

（二）酒水生产、销售成本控制

进行酒水的生产控制，关键在于实施标准化操作程序，具体包括：

（1）酒水用量标准化。

要做好酒水生产控制，应首先确定各种酒水中成本最高的酒水成分（即烈性酒）的用量标准。酒水用量控制包括确定酒水用量和提供量酒依据两个方面。

（2）载配标准化。

应确定每杯酒水的容量，并提供容量适当的酒杯。

（3）配方标准化。

要控制成本，必须使用标准配方，并规定各种酒、饮料配制时各成分的用量标准。这也能满足顾客对于酒水在口感、酒精含量和调制方法上一致性的要求。

（4）酒牌标准化。

（5）操作程序标准化。

实施标准化操作程序能够保证所提供产品和服务的一致性，减少浪费和顾客投诉，是降低酒水成本的有效手段。

根据销售方式不同，酒水销售成本控制又分为以下两种情况：

（1）鸡尾酒销售成本控制。

各种鸡尾酒都是根据标准配方制作的，由此形成鸡尾酒的标准成本。各种鸡尾酒的用料配方和比例不同，其标准成本也不一样。在销售过程中，调酒员尽管都按标准配方调制鸡尾酒，但实际成本往往和标准成本不完全一致，由此也会形成成本差额。鸡尾酒销售成本控制就是要在分析成本差额的基础上，发现成本管理中存在的问题，从而有针对性地采取控制措施，提高成本管理水平。

（2）瓶装和杯装销售成本控制。

烈性酒、啤酒和软饮料常常不经过调制，直接以瓶装或杯装形式销售，价格通常比鸡尾酒低。其成本控制方法是由管理人员事先制定瓶装和杯装销售单位成本和售价，服务人员按瓶装或杯装标准销售，由此控制成本消耗。在整装拆零销售时，要特别注意杯装配置，防止实际成本消耗超过事先规定的标准。

复习思考题

1. 什么是餐饮成本？其成本构成是怎样的？
2. 餐饮成本有哪些特点？
3. 如何有效控制食品成本？
4. 如何有效控制酒水成本？

案例分析

飞龙酒店中餐厨房生产某种菜肴，成本核算员在厨房进行抽样测定。经抽查，该种菜肴原料用量和标准用量见表 7－10，酒店要求菜肴的成本误差在±1.5%以内。

思考题：请核定并分析该种菜肴的成本消耗。

表 7－10　餐饮产品原料消耗与标准用量表

产品名称：________　　规格：________　　成本核算员：________

原料	标准用量（千克）	实际用量（千克）	标准净价（元）	标准成本（元）	实际成本（元）
A	0.25	0.27	8.6	2.15	2.32
B	0.08	0.09	12.5	1.00	1.13
C	0.05	0.04	6.8	0.34	0.27
D	0.03	0.05	10.2	0.31	0.51
E	0.02	0.03	18.6	0.37	0.56
F	0.18	0.02	9.8	1.76	0.20
合计				5.93	4.99

项目八

餐饮计划与销售管理

知识目标

1. 了解餐饮计划管理的基本环节；
2. 掌握餐饮产品销售控制的内容。

技能要求

能够对餐饮产品进行有效促销。

引导案例

某外资品牌五星级酒店在大众点评上将其餐厅的名字由“某某大酒店某某餐厅”改为“某某餐厅”，后来又根据需要在后面加上餐厅的英文名，通过对品牌名称的优化，改变消费者对餐厅的认知。这一举措使餐厅的线上访问量增加了40%，吸引了更多消费者点击进入详情页了解餐厅。

在改名取得初步成效后，该餐厅实施全面的营销方案，进一步提升了知名度和影响力，实现了业绩的大幅增长。

【评析】

该酒店餐厅准确洞察到消费者对五星级酒店餐厅的固有印象和心理，通过改名这一简单而有效的方式，降低了消费者的心理门槛，增加了餐厅的曝光机会。该策略切中了问题的要害，取得了立竿见影的效果。

任务一　餐饮计划概述

一、餐饮计划的种类

（一）餐饮发展长远计划

酒店餐饮部根据酒店总体发展目标，拟订出本部门在未来较长时期（通常为3～

5 年）内的发展计划与步骤。

（二）餐饮综合计划

一般以年度或季度为周期，包括原料采购计划、餐饮生产计划、餐饮销售计划、设备维护计划、餐饮成本控制计划、餐饮产品质量计划等诸多项目。这些计划从数量指标和质量指标两个方面规划部门管理方案。

（三）餐饮作业计划

餐饮作业计划指为餐饮部具体业务工作而制订的计划，如宴会接待计划、冷餐会接待计划等。

二、餐饮计划管理的基本环节

（一）分析酒店内外经营情况

1. 分析市场环境，收集计划资料

一是分析酒店所在地区旅游发展状况和发展趋势；二是剖析酒店周边市场环境和客源状况；三是考量酒店周边市场竞争态势，如同类型餐厅数量、等级规格、接待能力、经营风味、产品质量、服务质量及竞争对本酒店餐饮经营的影响程度等。

2. 分析酒店实力及过去经营状况

一方面，评估酒店等级规格和接待能力。在既定等级规格下，酒店内部各餐厅档次有别，如西餐扒房档次最高，消费高；咖啡厅则适应中档消费。另一方面，梳理酒店餐饮历史资料。历年餐饮计划指标，包括餐厅上座率、接待人次、人均消费、营业收入、成本消耗、费用支出、营业利润等，是制定餐饮计划指标的客观依据。

（二）预测计划目标，编制计划

在分析酒店内外经营情况的基础上，预测计划目标，重点做好以下五个方面的工作：

（1）根据市场动向、特点和发展趋势，以调查资料为基础，预测各餐厅的上座率、接待人次、人均消费和营业收入。

（2）分析食品原材料消耗，制定各餐厅标准成本，预测成本额、成本率，确定成本降低率指标。

（3）根据业务需要和计划收入，分析流通费用构成及其比例关系，预测各项费用消耗，确定费用降低率指标。

（4）分析营业收入、营业成本、销售费用和营业利润的相互关系，预测餐饮利润目标。

（5）在上述预测、分析的基础上，编制餐饮计划，初步确定各项计划指标。

（三）推进综合平衡，落实计划指标

具体任务包括：

（1）审查收入、成本、费用和利润的相互关系。

（2）审查采购资金、储备资金、周转资金的比例关系，使其衔接协调。

（3）审查收入、成本、费用和利润在各部门之间的关联，保障资源分配合理。

在此基础上，酒店召开计划会议，经过分析讨论做出计划决策，形成各项计划指标，为餐厅开展经营活动提供客观依据。

（四）计划的执行

重点做好以下三方面工作：

（1）以餐厅、厨房为基础，分解计划指标，明确各级、各部门及各月、各季度具体目标，将全体员工的注意力导向计划任务，齐心协力完成计划。

（2）建立信息反馈系统，逐日、逐周、逐月、逐季统计计划指标完成情况，发现问题并纠正偏差，发挥计划控制职能。

（3）根据各级、各部门计划完成结果，合理分配劳动报酬，奖勤罚懒，择优汰劣，确保计划任务顺利完成。

三、餐饮计划指标的主要内容

餐饮计划指标是用数字来体现餐饮部门在计划期内经营管理要达成的水平或绩效。计划期内餐饮部门的收入额、成本额、费用额、利润额和成本率、费用率、利润率等各项计划目标，都通过计划指标呈现。餐饮计划指标如表 8－1 所示。

表 8－1　餐饮计划指标

序号	名称	公式	含义
1	餐厅定员	餐厅定员＝座位数×餐次×计划期天数	反映餐厅接待能力
2	职工人数	$职工人数=\frac{期初人数+期末人数}{2}$	反映计划期人员数量
3	季节指数	$季节指数=\frac{月（季）完成数}{全年完成数}\times 100\%$	反映季节经营程度
4	座位利用率	$座位利用率=\frac{日就餐人次}{餐厅座位数}\times 100\%$	反映座位周转次数
5	餐厅上座率	$餐厅上座率=\frac{计划期接待人次}{同期餐厅定员}\times 100\%$	接待能力利用程度
6	食品人均消费	$食品人均消费=\frac{食品销售收入}{接待人次}$	客人食品消费水平

续表

序号	名称	公式	含义
7	饮料比率	饮料比率＝$\frac{饮料销售额}{食品销售额}$×100%	饮料经营程度
8	饮料计划收入	饮料计划收入＝食物收入×饮料比率＋服务费	反映饮料营业水平
9	餐饮计划收入	餐饮计划收入＝接待人次×食物人均消费＋饮料收入＋服务费	反映餐厅营业水平
10	日均营业额	日均营业额＝$\frac{计划期销售收入}{营业天数}$	反映每日营业量大小
11	座位日均销售额	座位日均销售额＝$\frac{计划期销售收入}{餐厅座位数×营业天数}$	餐厅座位日营业水平
12	月度分解指标	月度分解指标＝全年计划数×季节指数	反映月度计划水平
13	餐饮毛利率	餐饮毛利率＝$\frac{营业收入-原材料成本}{营业收入}$×100%	反映价格水平
14	餐饮成本率	餐饮成本率＝$\frac{原材料成本额}{营业收入}$×100%	反映餐饮成本水平
15	喜爱程度	喜爱程度＝$\frac{某种菜肴销售份数}{就餐客人人次}$×100%	不同菜点销售程度
16	餐厅销售份额	餐厅销售份额＝$\frac{某餐厅销售额}{各餐厅销售总额}$×100%	各餐厅经营程度
17	销售利润率	销售利润率＝$\frac{销售利润额}{销售收入}$×100%	反映餐饮销售利润水平
18	餐饮流通费用	餐饮流通费用＝∑各项费用额	反映餐饮费用大小
19	餐饮费用率	餐饮费用率＝$\frac{计划期流通费用额}{营业收入}$×100%	餐饮流通费用水平
20	餐饮利润额	餐饮利润额＝营业收入－成本－费用－税金 ＝营业收入×(1－成本率－费用率－税率)	反映营业利润大小
21	餐饮利润率	餐饮利润率＝$\frac{计划期利润额}{营业收入}$×100%	餐饮利润水平
22	职工接客量	职工接客量＝$\frac{客人就餐人次}{餐厅（厨房）职工人数}$	职工劳动程度
23	职工劳效	职工劳效＝$\frac{计划期收入}{职工平均人数}$	职工贡献大小
24	职工出勤率	职工出勤率＝$\frac{出勤工时数}{定额工时数}$×100%	工时利用程度
25	工资总额	工资总额＝平均工资×职工人数	人事成本大小

续表

序号	名称	公式	含义
26	计划期库存量	计划期库存量＝期初库存＋本期进货－本期出库	反映库存水平
27	平均库存	$平均库存=\frac{期初库存+期末库存}{2}$	月度在库规模
28	月度流动资金平均占用	$月度流动资金平均占用=\frac{期初占用+期末占用}{2}$	月流动资金占用水平
	季度流动资金平均占用	$季度流动资金平均占用=\frac{季度各月平均占用}{3}$	季流动资金占用水平
	年度流动资金平均占用	$年度流动资金平均占用=\frac{各季度平均占用}{4}$	年流动资金占用水平
29	流动资金周转天数	流动资金周转天数＝365÷流动资金周转次数	流动资金管理效果
30	流动资金周转次数	流动资金周转次数＝营业收入÷平均流动资金总额	流动资金管理效果
31	餐饮成本额	餐饮成本额＝营业收入×（1－毛利率）	反映成本大小
32	边际利润率	$边际利润率=毛利率-变动费用率=\frac{营业收入-变动费用}{营业收入}\times100\%=\frac{销售份额-变动费用}{销售份额}$	反映边际贡献大小
33	餐饮保本收入	$餐饮保本收入=\frac{固定费用}{边际利润率}$	反映餐饮盈利点高低
34	目标营业额	$目标营业额=\frac{固定费用+目标利润}{边际利润率}$	计划利润下的收入水平
35	餐饮利润额	餐饮利润额＝计划收入×边际利润率－固定费用	反映利润大小
36	成本利润率	$成本利润率=\frac{计划期利润额}{营业成本}\times100\%$	成本利用效果
37	资金利润率	$资金利润率=\frac{计划期利润额}{平均资金占用}\times100\%$	资金利用效果
38	流动资金利润率	$流动资金利润率=\frac{计划期利润额}{流动资金平均占用}\times100\%$	流动资金利用效果
39	投资利润率	$投资利润率=\frac{年度利润}{总投资}\times100\%$	反映投资效果
40	投资偿还期	$投资偿还期=\frac{总投资+利息}{年利率+年折旧}+建造周期$	反映投资回收效果

续表

序号	名称	公式	含义
41	库存周转率	$库存周转率=\frac{出库货物总额}{平均库存}\times100\%$	反映库存周转快慢
42	客单平均消费	$客单平均消费=\frac{餐厅销售收入}{客单总数}$	就餐客人状况
43	餐厅服务费	餐厅服务费＝餐厅销售收入×服务费比率	服务费收入大小
44	食品原材料净料率	$食品原材料净料率=\frac{净料重量}{毛料重量}\times100\%$	反映原材料利用程度
45	净料价格	$净料价格=\frac{毛料价格}{1-损耗率}$	净料单位成本
46	某种菜生产份数	某种菜生产份数＝就餐总人次×喜爱程度	产品生产份数安排

任务二　餐饮销售控制

一、营业时间控制

（一）确定最佳营业时段所需要的数据

餐厅早上营业及晚上停业时间，要以餐厅利润最大化作为决策准则。确定最佳营业时间，必须以经营数据作为决策工具。

（1）各时段销售额。科学化管理的餐厅需要统计各时段的销售额，用于营业时间决策、清淡时段促销活动决策和人工安排决策。该数据可由餐厅收银员收集。

（2）食品饮料成本率。从月度经营情况表中汇总得出平均成本率。

（3）营业需增加的固定费用。这部分固定费用不包括餐厅固定资产折旧等，仅计算清淡时段营业需要增加的（不随销售数量变化的）固定开支。例如增加的劳动人工费（取决于职工数和小时工资率）及因营业增加的电灯、空调、燃气的能源费与其他费用。

（4）其他变动费用率。除食品饮料成本外，还有些费用会随销售量的增加而增加，如桌布的洗涤费、餐巾纸费用等，通过实际费用统计算出变动费用率。

（5）税率。根据上述数据能够算出餐厅营业要求达到的最低销售额，计算公式如下：

营业要求的最低销售额＝营业需增加的固定费用/(1－食品饮料成本率－其他变动费用率－税率)

案例

假设某餐厅在晚上 9:00～10:00 营业，需增加人工费 120 元，其他固定开支 80 元，食品饮料成本率为 35%，其他变动费用率为 10%，税率为 5%。则餐厅营业最低应达到的销售额为：

营业要求的最低销售额＝营业需增加的固定费用/(1－食品饮料成本率－其他变动费用率－税率)
＝(120＋80)/(1－35%－10%－5%)
＝400(元)

如果餐厅在该时段销售额不到 400 元，不营业比营业更为合适。

（二）平衡营业时间内的客源流量

餐饮经营的特点之一是餐饮消费受就餐时间的限制。因此，餐厅为扩大餐饮销售，通常会对非高峰期间就餐的消费者给予消费折扣优惠以扩大销量，这在星级酒店的咖啡厅、酒吧等处较为常见。

（三）延长营业时间的其他原因

（1）延长营业时间是餐厅招徕客源的手段，有助于树立经营时间长、方便顾客的良好形象，吸引顾客就餐或住宿。

（2）为正式营业做准备工作。早上客源少时可开展营业准备工作。

（3）应对竞争的一种措施。一些餐厅为战胜竞争者，即使亏损，营业时间也要比竞争者更长，以此争夺客源。

（4）新餐厅采用早营业、晚停业的运营模式，可增加其在消费者视野中的曝光度，进而提高知名度。

（5）有的咖啡厅或快餐厅在下午 2:00～6:00 较为冷清，销售额可能难以达到最低营业标准，但闭店操作存在不方便，在这段时间开展促销活动可吸引客源，助力餐厅达到营业要求的最低销售额。但是这种促销活动一定要有时间限制，促销时间过早或过晚，都会给餐厅盈利带来负面影响。

二、价格折扣控制

根据价格需求弹性理论，降低价格通常会提高销售数量。许多企业试图利用价格折扣来提高利润。例如，某餐厅在生意不景气时推出 7 折优惠，期望以此吸引顾客，但价格折扣并未收到良好的效果。许多顾客反倒怀疑该餐厅推出折扣是由于菜肴口味欠佳、管理水平低下或面临经营危机。该餐厅失败的根源在于对价格折扣的片面理解，简单认为价格折扣等于单纯降价。事实上，价格折扣的形式丰富多样，赠送也是价格折扣的有效手段。

（一）短期价格折扣法

有的餐厅在经营清淡时段推出“快乐时光”（Happy Hour）促销活动，例如推销鸡尾酒时采取“买一送一”的优惠政策，或者以发展就餐俱乐部的形式对会员采取“一份价格买两份菜”政策。这种折扣政策是否有效，需要对折扣前后的毛利进行对比，通过计算得出折扣后的销售量需达到折扣前的倍数，以此评判折扣决策的合理性。具体公式如下：

折扣后销售量需达到折扣前的倍数＝折扣前每份菜品（饮料）的毛利率/折扣后每份菜品（饮料）的毛利率

（二）长期价格折扣法

在较短时间内进行促销，计算销售量增加只要考虑毛利额。但在较长经营周期内开展促销，除毛利额外，还要考虑固定成本的偿付、企业预期利润的获得以及平均折扣率等因素。例如某餐厅在每周一到周五下午 3:00～6:00 的“快乐时光”时段推行“买一送一”折扣活动，虽然该时段内折扣 50%，但从整个经营时间来看，平均折扣率实际是 20%。判断这项促销政策是否有效的关键在于折扣后的销售额能否达到下述水平：

折扣后需达到的销售额＝（企业要求获得的利润额＋固定成本）/［1－折扣前变动成本率/（1－拟定的折扣率）］

外出就餐属于享受性产品，而不是生活必需品，故价格折扣虽通常会引起销售量的增加，但并不是每项折扣政策都能提高经济效益。管理人员必须详细记录折扣前后的就餐人数和销售额等数据，比较实际销售额能否达到预期的销售水平。如果未达到，就应立即采取措施改进或取消这项促销活动。

三、销售收入控制

（一）餐饮销售收入控制的意义

餐饮销售收入控制的意义主要体现在以下几个方面：

1. 保障经营收益

（1）避免收入流失：通过规范收款流程、监控账单开具等，防止漏单、跑单、错单等情况导致的收入损失，确保实际收入与理论收入一致。

（2）减少成本浪费：合理控制销售环节，能间接减少因管理混乱带来的食材、人力等成本浪费，提升整体利润空间。

2. 提升管理效率

（1）优化运营流程：明确销售各环节的责任和操作规范，让员工分工清晰，减少推诿扯皮，提高工作效率。

（2）便于数据分析：通过对销售收入的记录和分析，能清晰掌握菜品销售情况、客人消费习惯等，为菜品调整、营销决策提供数据支持。

3. 防范经营风险

（1）降低舞弊可能性：严格的收入控制流程可减少内部员工挪用款项、内外勾结套取收益等舞弊行为的发生。

（2）保障财务合规：规范的收入记录与核算符合财务制度要求，避免因财务混乱引发的税务风险及其他法律问题。

（二）客人账单的控制

1. 账单的作用

把控销售收入的首要环节，是清楚而正确地将客人所点的菜品及价格记在点菜单（即客人账单）上。如果未记在账单上，营业收入会遗漏，现金短缺难以追查。

账单具有以下作用：

（1）帮助服务员记忆客人所订菜品，以便向厨房下达生产指令，厨房凭账单生产。

（2）记载菜品价格，作为向客人收费的凭证。

（3）书面记载各菜品销售的份数和就餐人数，为生产计划、人员控制、菜单设计等提供参考。

（4）用于核实收银员收款是否准确，确认菜品出售是否都有收入入账，管控现金收入短缺情况。

（5）作为餐厅收入的原始凭证，汇总账单金额，可统计出餐厅各餐次的营业收入。

2. 账单的内容

（1）基本信息。

客人账单应包含日期、桌号、服务员姓名（或工号）、客人数。这些信息便于服务员服务，以免上菜出错，明确服务责任归属。汇总这些数据，可统计每天、各时段及每位服务员服务的客人数。

（2）点菜信息。

客人账单要包括客人所点菜品和价格。账单上的菜品是客人需求的体现，是对厨房下达的指令，其金额是向客人收费的凭证。点菜信息也是产品销售信息，对其进行汇总可统计出餐厅每日营业收入，并在销售过程中起着核算和控制营业收入的作用。在经营管理决策时，可依据账单上各菜品销售的汇总信息，确定菜品生产计划和人员配备安排。

（3）存根。

有的餐厅客人账单下方设有一联存根（如表 8－2 所示），存根上有客人账单的编号、日期、服务员姓名（或工号）、总金额、收银员签字等信息。服务员向收银员送交账单和客人的付款后，收银员在账单和存根上盖“现金收讫”章，并撕下存根交服务员保存，此存根可证明服务员已将账单和收取的款项交给收银员，如出现账单和现金短缺情况，应由收银员负责。

表 8－2 餐厅顾客账单实例

台号	客人数	服务员	日期	账单编号
				NO. 0007482

序号	品名	数量	金额
1			
2			
3			
4			
5			
6			
7			
8			

食品		房号或账号
饮料		
		签名
总计		

……………………………………………………………………………………

台号	客人数	服务员	收银员签字	金额	日期	账单编号
						NO. 0007482

3. 账单编号的作用

（1）防止收入流失。

营业结束时核对账单编号，能快速发现账单是否短缺。采用账单编号制度，可促使服务员监督客人结账付款，约束服务员和收银员严格按账单收款，防止现金短缺。一旦发现账单短缺，管理人员要追究责任，采取措施堵塞漏洞。

（2）明确服务员责任。

账单上的菜品价格有误或账单短缺，一般会追溯到服务员。因而一些餐厅规定服务员对特定账单和账单编号负责并要求签字确认。采取这种制度，服务员在开餐前领账单本时要记录起始单号，营业结束后要记录结束单号。

4. 账单副本制度

账单副本制度是指账单采用一式二份或三份形式。账单的正联和副联应以不同颜色印制，编号相同。正联作为向客人收款的凭据；副联送厨房，作为厨房生产指令。出菜控制员要监督菜品准确发出，厨房必须严格按照副联记载的菜品和数量生产。这样可以防止厨房生产和出售的菜品未入账，减少服务员对客人所订菜品不计账而私吞款项的机会。副联不能丢失，有的厨房在服务员取走菜后，将副联放在上锁的盒里。这样可在营业结束时对照检查有无空号，确保副联与正联对应。

（三）出菜检查控制

大型酒店的餐厅一般都在厨房中设置一名出菜检查员，有的餐厅称此岗位为“查头”。出菜检查员的岗位设在厨房通向餐厅的出口处，是食品生产和餐厅服务员之间的协调者及厨房生产的控制员，他必须熟悉餐厅的菜品品种和价格，了解各种菜肴的质量标准。其职责如下：

（1）保证所有订单菜品及时生产，保证服务员取菜、送菜准确。

（2）保证厨房只根据账单副联所列菜品生产，每份送出菜品都在副联上有所记载，防止服务员或厨师无订单私自生产并擅自免费送菜品给熟人、朋友。

（3）检查客人账单价格是否正确，防止服务员为了私利或者粗心将价格写错。

（4）检查每份生产好的菜品分量和质量是否符合标准。

（5）保管好客人账单副联，防止丢失。

（四）收银员控制

收银员的职责是记录现金收入和记账收入，为客人结账收款。收银处一般设在接近出口处。如果有收银机，每笔收入（现金销售或记账销售）都要输入收银机。现金收入和记账收入必须分别统计。客人已付款的账单要盖上“现金收讫”章，有的餐厅要求将已收款的账单锁在盒子里。

餐厅常要求收银员统计各项菜品的销售数、客人数及营业收入。

在销售汇总中，要求收银员按账单编号登记。这样，账单如有短缺，就会非常直观地显现，以便对菜品销售收入进行控制。销售汇总表除能对账单进行管理外，由于能对记账收入和现金收入分别汇总，还便于对现金进行控制。汇总表上的销售信息，不仅对销售收入的会计统计有用，而且能及时反映餐厅吸引客源和推销高价菜品的能力。

四、销售控制指标

（一）平均消费额

管理人员一般十分重视平均消费额。平均消费额是指平均每位客人每餐支付的费用。这个数据之所以重要，是因为它能体现菜单的销售效果，反映餐饮销售工作的成绩，帮助管理人员了解菜单的定价是否过高或过低，知晓服务员和销售员是否努力推销高价菜品和饮料。通常，餐厅要求每天都分别计算食品的平均消费额和饮料的平均消费额，其计算方法如下：

平均消费额＝总销售额/就餐客人数

管理人员应时常留意平均消费额的高低。如果连续一段时间平均消费额都过低，就必须检查食品饮料的生产、服务、推销或定价环节是否存在问题。

（二）每座位销售额

每座位销售额的计算公式如下：

每座位销售额＝总销售额/座位数

每座位销售额可用于比较相同档次的不同餐厅的经营状况。比如 A 餐厅的年销售额为 458 万元，有餐座 200 座；而 B 餐厅的年销售额为 250 万元，有餐座 100 座。A 餐厅的每座位年销售额为 22 900 元，而 B 餐厅的每座位年销售额为 25 000 元，可见 B 餐厅的经营效益相对较好。

每座位销售额也常用于评估和预测酒吧的销售情况。在酒吧中，难以统计座位周转率和平均消费额，所以往往用每座位销售额来统计一段时间的销售情况。

（三）平均每座位服务的客人数

该指标常被称作座位周转率，计算公式如下：

座位周转率＝某段时间的就餐人数/（座位数×餐数×天数）

例如，如果 A 餐厅的年就餐人数为 24 万人，B 餐厅的年就餐人数为 11 万人，这两个餐厅每天都供应两餐，它们的座位周转率分别为：

A 餐厅座位周转率＝240 000/（200×2×365）≈1.64

B 餐厅座位周转率＝110 000/（100×2×365）≈1.5

餐厅早、午、晚餐客源特点不同，一般会分餐统计座位周转率。座位周转率反映了餐厅吸引客源的能力。上例中，A 餐厅吸引客源能力高于 B 餐厅，但每座位产生的收入却低于 B 餐厅，说明 A 餐厅的菜单价格较低或销售低价菜的比例较高。

（四）每位服务员销售量

该销售量也有两种指标：一是以每位服务员服务的客人数来表示。这个数据反映了服务员的工作效率，为管理者配备人员、安排工作班次提供基础，也是员工绩效评估的基础。当然，该数据要有一定的时间范围才有意义，毕竟服务员每天、每餐、每小时服务的客人数存在差异。例如，一位服务员在一天两餐服务中接待的客人总数为120名，即该服务员每小时服务20名客人。不同餐别，每位服务员能够服务的客人数也不同，通常一位服务员在早餐能服务的客人数多于晚餐。不同餐厅的服务员能够服务的客人数也不同，相比快餐厅，高档餐厅的服务员服务的人数通常较少。

二是以每位服务员的客人平均消费额来表示。这个指标是用服务员在某段时间产生的总销售额除以其服务的客人数得出。

案例

某餐厅在月终对服务员工作业绩进行比较时，应用表8－3中所示数据。

表8－3　销售数据

服务员	服务客人数（人）	产生销售额（元）	客人平均消费额（元）
甲	1 950	51 675	26.50
乙	2 008	51 832.20	25.81

上述数据清晰显示，服务员乙在服务客人数和产生的销售额方面都超过服务员甲，说明其在积极主动接待客人方面以及工作量上表现更优。但是其客人平均消费额为25.81元，比服务员甲少0.7元，表明服务员乙在推销高价菜品、劝诱客人追加点菜和点饮料方面不如服务员甲。管理人员可据此向服务员乙指明努力方向。

服务员的销售数据既可由收银员对账单销售数据汇总得到，也可由餐厅经理对账单存根销售数据汇总得出。

（五）时段销售量

掌握某时段（各月份、各天、每天不同钟点）的销售量数据，对于合理规划人员配备、开展餐饮推销以及确定餐厅最佳营业和打烊时间至关重要。时段销售量可以通过两种形式呈现：一是一段时间内服务的客人数；二是一段时间内产生的销售额。

案例

某咖啡厅在15:00～18:00所服务的客人数为40位，产生的销售额为900元；而在18:00～21:00所服务的客人数为250位，产生的销售额为7 000元。很明显，在这两个不同时段应配备不同人数的职工。

又如某餐厅原定于24:00停业，但在22:00～24:00只产生60元的销售额，管理人员经过计算，发现这两个小时营业时间的费用和成本会超过收入，因此决定提前停业。

（六）销售额指标

销售额是显示餐厅经营情况的重要指标。一段时间的销售额指标计算公式如下：

一段时间的销售额指标＝餐厅座位数×预计平均每餐座位周转率×平均每位客人消费额指标×每天餐数×天数

由于各餐每位客人的平均消费额相差较大，故销售额的计划往往要分餐进行。

案例

A餐厅有餐座200座，计划明年晚餐每位客人的平均消费额指标为30元，晚餐座位周转率为1.6，则A餐厅计划明年晚餐的销售额指标为：

30×200×1.6×365＝3 504 000(元)

任务三　餐饮促销

一、餐饮部外部促销

（一）人员推销

餐饮部门的人员推销主要适用于宴会、大型活动、会议等场景。很多大中型餐厅设专门的推销人员，他们精通餐饮业务，推销效果比较好。具体的推销流程如下：

（1）收集信息，筛选客户。餐饮推销人员要建立各种资料信息簿，包括宴会客史档案和用餐者档案。同时，密切关注当地市场动态，了解本市活动开展情况，特别是大公司和外商机构的庆祝活动、年度会议等信息，从中发现并筛选可能的客户。

（2）计划准备。做好销售访问准备工作，确定本次访问的目的、对象，列出访问大纲，备齐推销用的餐饮资料、菜单和照片等。

（3）销售访问与洽谈。进行销售访问，针对所掌握的对方需求展开介绍，着重介绍本餐厅餐饮产品和服务特点，借助资料、图片等进行辅助说明。

（4）商定交易和跟踪推销。使用销售技巧促使客户下决心，通过给予额外利益和优惠等争取订单。即使不能最终成交，也应分析原因、总结经验，保留后续推销机会，为以后合作做铺垫。如能签订订单，则要进一步保持联系并跟进落实。

（二）电话推销

电话推销是餐厅常用的推销方式，即推销人员借助电话与客人交流，推销餐饮产品和服务。不同于人员推销，电话推销时双方只闻其声、不见其人，这就要求推销人员认真倾听客人意见，了解客人购买意图。

（三）广告推销

餐厅推销人员在使用广告这一营销工具之前，应该首先考虑是否有必要做广告，然后研究广告的时机、广告媒介的选择以及广告如何与其他营销工具结合等问题，如此才能真正发挥广告的作用。

一则有效的餐厅广告，能对潜在客人的消费态度、消费行为产生影响，为餐厅产品塑造良好的形象。此外，广告还能帮助推销人员纠正客人对餐厅的误解，为客人提供各类信息。

（四）公共关系

餐饮公关的任务是要加强与公众的联系，提高本餐厅的知名度，树立良好的餐厅形象，并通过社会舆论影响客人的购买行为。

餐饮公关活动的策略有两种：一是积极公关策略，即通过加强与公众联系的活动，如积极参与慈善事业、救灾活动，给予老人和儿童优惠等，树立社会声誉，扩大自身影响力；二是消极防守性公关策略，即通过开展公众关系活动，避免声誉受到不利影响。例如，偶然发生食物中毒或其他事故时，餐厅应着重宣传如何认真负责，积极、妥善地为客人排忧解难，查清事故原因等各种善后行为，以减少不利影响。

餐饮部门一般不设专职的公关人员，但所有管理人员以及每一个和客人接触的服务员都负有公关责任，因此要树立全员公关意识。

二、服务促销

服务促销是指餐厅全体人员通过在餐厅里面对面地向客人提供服务，促使客人购买或多买餐饮产品的销售活动。

（一）根据不同对象、不同客人实施推销

（1）如果客人是请客吃便宴，则可较全面地介绍各类菜肴。

（2）如果客人是慕名而来，则应重点介绍风味菜肴。

（3）如果客人有用餐标准，可推荐一些味道可口而价格合适的菜肴。

（4）对那些经常来餐厅用餐的常客，应主动介绍当天的特色菜或套菜，给客人带来新鲜感。

（二）采用建议式的推销方法

在客人点菜时，应及时提醒漏点的菜。如在西餐厅，客人点了主菜而没点配菜，

服务员应及时建议几种配菜供客人选择。如在中餐厅，客人只点了荤菜，服务员可以建议增加几道素菜；客人点了冷菜，服务员可建议配用酒水等。

服务人员的推销语言对推销效果有着至关重要的影响，要对所有服务人员（尤其是点菜人员）开展培训，使其掌握语言技巧，用建议式语言推销产品和服务。例如，“您不想要瓶酒来佐餐吗?”这类建议可能效果不佳，而“我们自制的索尔特白葡萄酒味道很好，刚好配您点的鲽鱼片”则可能更有效。

进行建议式推销要注意以下要点：

（1）尽量用选择问句，而不是简单地让客人用“要”和“不要”回答的一般疑问句。

（2）多用描述性语言，以激发客人的兴趣和食欲。

（3）把握好时机，根据客人的用餐顺序和习惯进行推销。

（三）根据不同客源地客人的饮食习惯推荐菜肴、饮品

例如，南方客人喜欢少油清淡的菜肴，主食喜欢食用大米饭；北方客人喜欢口味重一点的菜肴，主食以面食为主；等等。在介绍菜肴时，要充分考虑到地域、饮食习惯等因素，进行有针对性的推销。

（四）主动询问

在客人进餐过程中，服务员应根据客人用餐情况主动询问，以增加推销机会。当客人的菜肴即将吃完，但酒水剩余较多时，应及时提议添加几道菜，如果客人同意则应尽快将菜送上餐桌。在西餐厅，主菜过后要向客人递上甜品菜单。服务员主动询问既能让客人感到受尊重，体现高服务效率，又能为餐厅带来效益。

（五）适时向客人推荐酒店的其他服务项目

在服务过程中，若遇到客人问及有关酒店服务设施等方面的情况，服务员可以因势利导，向客人介绍酒店的健身房、游泳池和卡拉 OK 厅等，建议客人在闲暇时去这些地方活动。如果酒店正举办大型演出活动、时装展示会或餐饮部门推出美食展卖活动，服务员应利用各种服务机会向客人做好宣传。

（六）试吃

在特别推销某一菜肴前，服务员可用餐车将菜肴推到客人的桌边，让客人先品尝，如喜欢可现点，不合口味则再点其他菜肴。试吃既是一种特别的推销，也体现了优质服务。

三、餐饮促销活动

（一）儿童推销

家庭活动多以儿童为中心，儿童是不少家庭外出就餐决策的影响者。因此，不失

时机地针对儿童进行推销，往往效果较佳。

（1）提供儿童菜单。儿童菜单的设计要活泼多彩，吸引儿童的注意力。

（2）提供为儿童服务的设施，如座椅、餐具、围兜等。

（3）赠送儿童小礼物。选择儿童喜欢的且与餐厅宣传密切相关的礼品。

（4）开展儿童生日推销。儿童生日宴的设计要有主题，针对儿童的心理，在饰物、餐具等方面进行美化。从长远来看，这些儿童是餐厅的潜在顾客。

（二）展示推销

展示推销是一种有效的推销形式，可借助视觉效应，激发顾客购买欲望，吸引其就餐。餐厅常见的展示推销包括原料展示推销、成品陈列推销、餐车推销、现场演示推销。

（三）赠品推销

餐厅可以采用赠送礼品的方式来达到推销目的。餐厅要寻求获取最大效益的赠品策略，精心考量赠送礼品的内容和方式。

（四）组织俱乐部活动进行推销

酒店是俱乐部活动的理想场所。餐饮部门一方面可以自行组织一些俱乐部，如常客俱乐部、美食家俱乐部、常驻外商俱乐部等，给予俱乐部成员一些特别优惠；另一方面也可以和当地的一些俱乐部、协会联系，提供场所供其开展活动，餐饮部门则可发给其会员卡、贵宾卡，使其享受优先接待、价格折扣等优惠。

复习思考题

1. 简述餐饮计划管理的基本环节。
2. 餐饮销售控制指标主要有哪几个？
3. 餐饮部外部促销有哪些主要方式？

案例分析

某知名连锁酒店的季节菜单与套餐销售策略

1. 菜单调整。酒店餐饮部根据当地旅游旺季和淡季的特点，推出不同季节的菜单和套餐组合。旺季时针对高端消费群体推出特色主题晚宴，淡季则推出价格亲民的套餐活动，吸引本地居民和家庭游客。

2. 价格策略。采用灵活的定价策略，在旺季保持较高的价格水平以获取更高的利润，在淡季则通过优惠的价格吸引更多的顾客，提高餐厅的上座率。

思考题：该酒店销售管理的成功点是什么？

参考文献

1. 文志平．旅馆餐饮服务与运转．北京：科学技术文献出版社，2018.
2. 汪纯孝．饭店食品和饮料成本控制．北京：旅游教育出版社，2019.
3. 周晓芳．酒店管理实例与问答．广州：广东经济出版社，2013.
4. 姜文宏．餐厅服务技能综合实训．北京：高等教育出版社，2014.
5. 蔡万坤．酒店优质服务专业知识．广州：广东旅游出版社，2014.
6. 付钢业．现代饭店餐饮服务质量管理．广州：广东旅游出版社，2015.
7. 蔡洪胜．酒吧管理与服务实训．长春：东北师范大学出版社，2008.
8. 蔡洪胜．酒店服务技能实训手册．长春：东北师范大学出版社，2008.
9. 蔡洪胜．酒水知识与酒吧管理．北京：清华大学出版社，2023.
10. 蔡洪胜．酒店餐饮服务与管理．北京：清华大学出版社，2022.
11. 郑万春．咖啡的历史．哈尔滨：哈尔滨出版社，2016.
12. 饶莉．饭店英语．武汉：武汉大学出版社，2017.
13. 徐栖玲．酒店餐饮服务案例心理解析．广州：广东旅游出版社，2018.